作者简介

周 杰 法学博士，中国人民大学马克思主义哲学专业在读博士，上海对外经贸大学马克思主义学院教师。2012年毕业于俄罗斯莫斯科国立大学哲学系，获政治学硕士学位。主要从事俄罗斯马克思主义发展史、中国特色社会主义研究。目前主持教育部课题1项、厅局级课题3项，参与并主持省部级重大课题子项目2项，出版专著3部，主编（或任副主编）教材2部，发表论文十余篇。

中国特色社会主义全面推进
依法治国建设问题研究

周　杰◎编著

人民日报学术文库

人民日报出版社

图书在版编目（CIP）数据

中国特色社会主义全面推进依法治国建设问题研究／
周杰编著 . —北京：人民日报出版社，2016. 2
ISBN 978 - 7 - 5115 - 3596 - 2

Ⅰ. ①中… Ⅱ. ①周… Ⅲ. ①社会主义法制—建设—
研究—中国 Ⅳ. ①D920. 0

中国版本图书馆 CIP 数据核字（2016）第 016325 号

书 名：中国特色社会主义全面推进依法治国建设问题研究
编 著：周 杰

出 版 人：董 伟
责任编辑：陈 红
封面设计：中联学林

出版发行：人民日报出版社
社 址：北京金台西路 2 号
邮政编码：100733
发行热线：(010) 65369527 65369846 65369509 65369510
邮购热线：(010) 65369530 65363527
编辑热线：(010) 65369844
网 址：www. peopledailypress. com
经 销：新华书店
印 刷：三河市华东印刷有限公司

开 本：710mm×1000mm 1/16
字 数：163 千字
印 张：13. 5
印 次：2017 年 9 月第 1 版 2017 年 9 月第 1 次印刷

书 号：ISBN 978 - 7 - 5115 - 3596 - 2
定 价：68. 00 元

目　录
CONTENTS

全面依法治国，开启中国法治新时代

全面推进依法治国，是以习近平同志为总书记的党中央从坚持和发展中国特色社会主义出发、为更好治国理政提出的重大战略任务，是事关我们党执政兴国的一个全局性问题。党的十八大以来，习近平同志围绕全面依法治国发表一系列重要论述，立意高远，内涵丰富，思想深刻，为推进社会主义法治建设提供了基本遵循和行动指南。

一、落实十八届四中全会决定，全面推进依法治国

党的十八届四中全会审议通过了《中共中央关于全面推进依法治国若干重大问题的决定》（以下简称《决定》），就坚持依法治国、依法执政、依法行政共同推进，坚持法治国家、法治政府、法治社会一体建设，系统提出了全面推进依法治国的总体目标、工作重点和主要任务，充分彰显了以习近平同志为核心的党中央新一届领导集体卓越的政治智慧和崭新的治国理念，为我们坚定不移地实施依法治国基本方略指明了方向、提供了遵循。

宪法和法律是党的主张与人民意志高度统一的结晶，是治国理政的基石。实现国家治理体系和治理能力现代化的核心是形成完善的法律制度体系、实现国家和社会各项工作的法制化。我们党作为

长期执政的党，按照依法治国的要求，一方面领导人民制定宪法和法律，把国家生活、社会生活的基本方面全部纳入法制轨道，自觉接受宪法和法律的约束与调整，另一方面又通过发挥各级党组织的政治保障和广大党员的先锋引领作用，保证宪法和法律的实施，使宪法和法律成为各级党组织、国家机关和全体公民共同遵守的行为准则，让人民群众从每一起司法案件中感受到公平正义，标志着我们党实现了由早年主要依靠群众运动和政治方式实行领导向主要依靠依法治国、依宪执政、依法执政的历史性转变，标志着我们党实现了从"人治"向"法治"的历史性转变，标志着我国亿万人民当家作主的政治地位和民主权利得到社会主义法治的充分肯定与有效保障，对于深化改革、推进社会主义民主政治建设、巩固和加强党的领导、全面建成小康社会和实现国家长治久安都具有重大而深远的意义。

我们必须认真学习、坚决贯彻落实十八届四中全会《决定》。一是要创新普法方式，深入开展法律进机关、进乡村、进社区、进学校、进企业、进单位、进寺院等活动，扩大普法工作覆盖面，强化法治宣传教育，切实增强全体公民的法制观念和法律意识，提高运用法治思维解决各类问题、依靠法律法规实施社会治理的能力和水平。二是要加强地方立法，探索建立多元化的法规规章起草工作机制，提高地方立法的民主化、科学化、规范化程度，完善地方性法规规章体系，增强地方性法规规章对发展改革稳定的引领和推动作用。三是要加快推进司法体制改革，逐步推行省以下地方法院、检察院人财物统一管理；尽快实施司法人员分类管理改革，建立符合法官、检察官职业特点的人事管理制度，提升司法队伍职业化和专业化水平；严格执法，公正司法，坚持有法必依、执法必严、违法必究，实现法律面前人人平等，确保司法、执法公正，全面提高法治的公信力。四是要进一步建立完善各类监督制约机制，切实增强对权力运行的制约和监督，重点是建立完善行政公开、司法公开等事项的清单及其公开范围办法，推行办事程序公开、规则公开、结果公开；建立完善群众举报投诉制度，畅通群众监督渠道，进一步加强对权力运行的社会监督；建立完善冤假错案预防纠正和责任终身追究制，全面推行工作责任制，依法规范权力运行，健全责任体系，严格违法违规责任追究。①

二、从"四个全面"战略布局高度，深刻认识全面依法治国的重大意义

习近平同志强调：治理一个国家、一个社会，关键是要立规矩、讲规矩、守规矩。法律是治国理政最大最重要的规矩。他说：我国是一个有十三亿多人口的大国，地域辽阔，民族众多，国情复杂。我们党在这样一个大国执政，要保证国家统一、法制统一、政令统一、市场统一，要实现经济发展、政治清明、文化昌盛、社会公正、生态良好，都需要秉持法律这个准绳、用好法治这个方式。② 这是党的十八大明确全面建成小康社会奋斗目标、十八届三中全会部署全面深化改革之后，党中央紧接着在四中全会部署全面推进依法治国工作的基本考虑。

从总结历史经验和教训看。我们党对依法治国问题有成功的经验也有因忽视法治带来的教训。这使我们深刻认识到，法治是治国理政不可或缺的重要手段。什么时候重视法治、法治昌明，什么时

---

① 本刊编辑部：《落实四中全会决定　全面推进依法治国》，发展，2014 年 11 期，卷首第 1 页。

② 习近平：《在中共十八届四中全会第二次全体会议上的讲话》，2014 年 10 月 23 日。

候就国泰民安；什么时候忽视法治、法治松弛，什么时候就国乱民怨。

从解决发展中面临的突出矛盾和问题看。现在，全面建成小康社会进入决定性阶段，改革进入攻坚期和深水区，国际形势复杂多变，我们面对的改革发展稳定任务之重前所未有，面对的矛盾风险挑战之多前所未有。这就要求我们必须把依法治国摆在更加突出的位置，把党和国家工作纳入法治化轨道，从法治上为解决面临的突出矛盾和问题提供制度化方案。

从实现中国梦和长远发展看。全面依法治国是全面建成小康社会的重要保障。这一目标实现之后的路该怎么走？如何跳出"历史周期律"，实现长期执政？如何实现党和国家长治久安？这些是需要我们深入思考的重大问题。提出全面依法治国，一个重要意图就是为子孙万代计、为长远发展谋。

习近平同志深刻指出：法治和人治问题是人类政治文明史上的一个基本问题，也是各国在实现现代化过程中必须面对和解决的一个重大问题。综观世界近现代史，凡是顺利实现现代化的国家，没有一个不是较好解决了法治和人治问题的。相反，一些国家虽然也一度实现快速发展，但并没有顺利迈进现代化的门槛，而是陷入这样或那样的"陷阱"，出现经济社会发展停滞甚至倒退的局面。后一种情况很大程度上与法治不彰有关。[1]

习近平同志特别从"四个全面"战略布局的高度，对全面依法治国的重大意义进行了阐发。

十八届四中全会后不久，习近平同志提出了全面建成小康社会、

---

[1]　习近平：《在中共十八届四中全会第二次全体会议上的讲话》，2014 年 10 月 23 日。

全面深化改革、全面依法治国、全面从严治党的战略布局，并就全面依法治国在这个战略布局中的地位和作用作了阐述。他指出：全面建成小康社会是我们的战略目标，全面深化改革、全面依法治国、全面从严治党是三大战略举措。从这个战略布局看，做好全面依法治国各项工作意义十分重大。没有全面依法治国，我们就治不好国、理不好政，我们的战略布局就会落空。他特别强调："要把全面依法治国放在'四个全面'的战略布局中来把握，深刻认识全面依法治国同其他三个'全面'的关系，努力做到'四个全面'相辅相成、相互促进、相得益彰。"①

从"四个全面"战略布局的形成过程可以看出，党的十八大以来习近平同志一直在思考一个重大问题，即我们党作为执政党，如何才能更好地治国理政，实现国家治理体系和治理能力现代化。"四个全面"战略布局正是在持续深入思考这个问题过程中形成的。党的十八大确定全面建成小康社会的战略目标，实现这个战略目标需要全面深化改革。三中全会在对改革进行总体设计和部署的过程中，认识到实现这个战略目标、推进全面深化改革，需要从法治上提供可靠保障；认识到改革和法治是一"破"一"立"，在治国理政中有着不同的作用；认识到依法治国是实现国家治理体系和治理能力现代化的必然要求，从而确定了四中全会的议题。在起草四中全会文件过程中，又进一步深化了对全面建成小康社会、全面深化改革、全面依法治国三者之间关系的认识，还特别认识到法治与从严治党的关系。联系党的十八大以来党要管党、从严治党的实践，联系党在治国理政全局中的领导核心作用，进一步深刻认识到全面从严治

---

① 习近平在省部级主要领导干部学习贯彻十八届四中全会精神全面推进依法治国专题研讨班开班式上发表的重要讲话，2015 年 2 月 2 日。

党的重大意义。至此，我们对党如何更好地治国理政有了一整套系统认识，形成和提出了"四个全面"战略布局。习近平同志指出，这是我们党在新的历史条件下的治国理政方略。①

从这个过程可以看出，全面依法治国这一认识环节，对于形成"四个全面"战略布局起了至关重要的作用。正是从这个问题入手，习近平同志思考和阐述了几个全面之间的关系。他指出，十八届三中、四中全会分别把全面深化改革、全面推进依法治国作为主题并做出决定，有其紧密的内在逻辑，可以说是一个总体战略部署在时间轴上的顺序展开。三中全会决定和四中全会决定是姊妹篇，体现了"破"和"立"的辩证统一。改革和法治如鸟之两翼、车之两轮，有力推动全面建成小康社会事业向前发展。他还指出，社会主义法治必须坚持党的领导，党的领导必须依靠社会主义法治。全面推进依法治国，必须努力形成国家法律法规和党内法规制度相辅相成、相互促进、相互保障的格局。四中全会决定把形成完善的党内法规体系纳入全面推进依法治国中，这是新形势下全面从严治党的一项重大举措。全面建成小康社会、全面深化改革、全面从严治党，都离不开全面依法治国。②

如何治国理政，始终是我们党面对的重大课题。"四个全面"战略布局的提出，是对这个重大问题的破解，具有重大而深远的意义。

习近平同志深刻指出，全面推进依法治国是国家治理领域一场广泛而深刻的革命，是我们党在治国理政上的自我完善、自我提

---

① 中共中央宣传部编：《习近平总书记系列重要讲话读本》（2016 版），学习出版社、人民出版社，2016 年第 1 版。

② 杨克勤：《在"四个全面"中把握全面依法治国》，人民日报，2015 年 5 月 13日。

高。① 从"四个全面"战略布局中，从党如何更好治国理政、实现国家治理体系和治理能力现代化这样的高度上，来把握全面依法治国，我们就会对它的重大意义有更深刻的认识。

三、坚持中国特色社会主义法治道路，最根本的是坚持中国共产党的领导

全面推进依法治国，必须走对路，在道路问题上不能含糊。习近平同志指出，四中全会决定有一条贯穿全篇的红线，这就是坚持和发展中国特色社会主义法治道路。② 这是一个管总的东西。

中国特色社会主义法治道路，是我国社会主义法治建设成就和经验的集中体现。其核心要义有三个方面：坚持党的领导，坚持中国特色社会主义制度，贯彻中国特色社会主义法治理论。这三个方面，规定和确保了中国特色社会主义法治体系的制度属性和前进方向。

习近平同志首先强调的、讲得最多的，是坚持中国共产党的领导。他指出，党和法治的关系是法治建设的核心问题、根本问题，必须讲清楚。

第一，坚持党的领导是社会主义法治的根本要求。四中全会明确指出："党的领导是中国特色社会主义最本质的特征，是社会主义法治最根本的保证。把党的领导贯彻到依法治国全过程和各方面，是我国社会主义法治建设的一条基本经验。"③ 习近平同志说，这一

---

① 《中共中央关于全面推进依法治国若干重大问题的决定》（2014 年 10 月 23 日中国共产党第十八届中央委员会第四次全体会议通过）。
② 习近平在省部级主要领导干部学习贯彻十八届四中全会精神全面推进依法治国专题研讨班开班式上发表的重要讲话，2015 年 2 月 2 日。
③ 《中共中央关于全面推进依法治国若干重大问题的决定》（2014 年 10 月 23 日中国共产党第十八届中央委员会第四次全体会议通过）。

论断抓住了党和法关系的要害。他强调，坚持中国特色社会主义法治道路，最根本的是坚持中国共产党的领导。依法治国是我们党提出来的，是为了进一步巩固党的执政地位、完成党的执政使命，绝不是要削弱党的领导。中国共产党的领导地位是宪法确立的。我们讲的依宪治国、依宪执政，与西方所谓的"宪政"本质上是不同的。任何人以任何借口否定中国共产党领导，都是错误的、有害的，都是违反宪法的，都是绝对不能接受的。①

第二，党的领导和社会主义法治在本质上是一致的。这是正确认识党和法关系的关键。在我国，法是党的主张和人民意愿的统一体现，党的领导、人民当家作主、依法治国三者是有机的统一。所以，坚持党的领导是全面推进依法治国的题中应有之义。只有在党的领导下依法治国、厉行法治，人民当家作主才能充分实现，国家和社会生活法治化才能有序推进。

第三，必须搞清楚"党大还是法大""权大还是法大"的问题。这是党和法关系问题上的一个认识障碍。有些别有用心的人热衷讲"党大还是法大"，以为打到了我们的软肋上。其实，既然党和法在本质上是一致的，就不存在谁大谁小的问题。习近平同志一针见血地指出，这是一个伪命题，是一个政治陷阱。现实中存在的，容易与"党大还是法大"搞混的，倒是有一个"权大还是法大"的问题，这是一个真命题，恰恰是我们在全面推进依法治国中要着力解决的问题。习近平同志深刻指出，我们说不存在"党大还是法大"的问题，是把党作为一个执政整体而言的，是就党的执政地位和领导地位而言的，具体到每个党政组织、每个领导干部，就必须服从

---

① 习近平在省部级主要领导干部学习贯彻十八届四中全会精神全面推进依法治国专题研讨班开班式上发表的重要讲话，2015 年 2 月 2 日。

和遵守宪法法律，就不能以党自居，不能把党的领导作为个人以言代法、以权压法、徇私枉法的挡箭牌。①

第四，党和法的关系是政治和法治关系的集中反映。这是从理论的深层次上进一步说明党和法的关系。习近平同志指出，法治当中有政治，没有脱离政治的法治。每一种法治形态背后都有一套政治理论，每一种法治模式当中都有一种政治逻辑，每一条法治道路底下都有一种政治立场。这一点，西方法学家也承认。习近平同志把我们的政治和法治的关系概括为"三个本质上"，即："我们要坚持的中国特色社会主义法治道路，本质上是中国特色社会主义道路在法治领域的具体体现；我们要发展的中国特色社会主义法治理论，本质上是中国特色社会主义理论体系在法治问题上的理论成果；我们要建设的中国特色社会主义法治体系，本质上是中国特色社会主义制度的法律表现形式。"② 这些精辟的论述告诉我们，在党和法的关系上，一定要看到问题的本质，牢记党的领导是中国特色社会主义法治之魂，是我们的法治同西方资本主义国家的法治最大的区别。在坚持走中国特色社会主义法治道路这个根本问题上，我们要树立自信、保持定力。

第五，坚持在党的领导下依法治国。一方面，要坚持党总揽全局、协调各方的领导核心作用，统筹依法治国各领域工作，确保党的主张贯彻到依法治国全过程和各方面。另一方面，要改善和不断提高依法治国中党的领导能力和水平。这两个方面就是要求做到四中全会决定所说的"三统一""四善于"，即："把依法治国基本方

---

① 习近平在省部级主要领导干部学习贯彻十八届四中全会精神全面推进依法治国专题研讨班开班式上发表的重要讲话，2015 年 2 月 2 日。

② 习近平在省部级主要领导干部学习贯彻十八届四中全会精神全面推进依法治国专题研讨班开班式上发表的重要讲话，2015 年 2 月 2 日。

略同依法执政基本方式统一起来，把党总揽全局、协调各方同人大、政府、政协、审判机关、检察机关依法依章程履行职能、开展工作统一起来，把党领导人民制定和实施宪法法律同党坚持在宪法法律范围内活动统一起来"；"善于使党的主张通过法定程序成为国家意志，善于使党组织推荐的人选通过法定程序成为国家政权机关的领导人员，善于通过国家政权机关实施党对国家和社会的领导，善于运用民主集中制原则维护中央权威、维护全党全国团结统一"。①

第六，在党的领导下依法治国不是一句空的口号，要具体体现在党领导立法、保证执法、支持司法、带头守法上。在法治建设的实际工作中，必须要有抓手。习近平同志指出，四中全会决定提出的全面推进依法治国的总目标就是一个总揽全局、牵引各方的总抓手。这一总目标是：建设中国特色社会主义法治体系，建设社会主义法治国家。依法治国各项工作都要围绕这个总目标来部署、来展开、来谋划、来推进。②

四、全面把握法治工作基本格局，着力推进科学立法、严格执法、公正司法、全民守法

全面推进依法治国是一项庞大的系统工程，必须统筹兼顾、把握重点、整体谋划。习近平同志从目前我国法治工作的基本格局出发，就立法、执法、司法、守法四个方面的工作部署和改革举措作了深刻阐述。

关于科学立法。全面依法治国，必须坚持立法先行，继续完善

---

① 《中共中央关于全面推进依法治国若干重大问题的决定》（第十八届中央委员会第四次全体会议通过）。

② 杨克勤：《在"四个全面"中把握全面依法治国》，人民日报，2015 年 5 月 13日。

以宪法为统帅的中国特色社会主义法律体系。习近平同志明确指出，宪法是治国安邦的总章程，具有最高的法律地位。① 全面贯彻实施宪法是建设社会主义法治国家的首要任务和基础性工作，必须把宣传和树立宪法权威作为全面推进依法治国的重大事项抓紧抓好。针对立法领域存在的突出问题，他提出关键是要提高立法质量，而推进科学立法、民主立法是提高立法质量的根本途径。要完善立法体制，优化立法职权配置，明确立法权力边界，从体制机制和工作程序上防止部门利益和地方保护主义法律化。他强调，要处理好改革和法治的关系，做到立法决策和改革决策相衔接、相统一。② 凡属重大改革要于法有据，不允许随意突破法律红线；同时，立法要主动适应改革发展需要，不能成为改革的"绊马索"。

关于严格执法。法律的生命力在于实施，这是全面推进依法治国的重点。能不能做到依法治国，关键在于党能不能坚持依法执政，各级政府能不能依法行政。习近平同志强调，行政机关是实施法律法规的重要主体，要带头严格执法，依法全面履行职能。③ 推进严格执法，重点是解决执法不规范、不严格、不透明、不文明以及不作为、乱作为等突出问题。对行政机关要强化制约、强化监督、强化公开，防止权力滥用。要以建设法治政府为目标，推进机构、职能、权限、程序、责任法定化，推进各级政府事权规范化、法律化。

关于公正司法。公正是法治的生命线。司法是维护社会公平正义的最后一道防线。政法机关是老百姓平常打交道比较多的部门，

---

① 《习近平：宪法是治国安邦总章程》，京华时报，2014 年 12 月 4 日。
② 中共中央文献研究室：《全面依法治国开启中国法治新时代——学习〈习近平关于全面依法治国论述摘编〉》，人民日报，2015 年 5 月 5 日。
③ 习近平在首都各界纪念现行宪法公布施行 30 周年大会上的讲话，2012 年 12 月 4 日。

是群众看党风政风的一面镜子。如果不努力让人民群众在每一个司法案件中都感受到公平正义，人民群众就不会相信政法机关，从而也不会相信党和政府。习近平同志强调，必须旗帜鲜明反对司法腐败，构建开放、动态、透明、便民的阳光司法机制。他深刻指出，司法不公的深层次原因在于司法体制不完善、司法职权配置和权力运行机制不科学、人权司法保障制度不健全，要深入推进司法改革。

关于全民守法。法律要发挥作用，需要全社会信仰法律。对法律有了信仰，群众就会自觉按法律办事。推进全民守法，必须着力增强全民法治观念，坚持法制教育与法治实践相结合，把全民普法和守法作为依法治国的长期基础性工作来抓。一方面，必须弘扬社会主义法治精神，建设社会主义法治文化，传播法律知识，培养法律意识；另一方面，必须以实际行动树立法律权威，让老百姓相信法不容情、法不阿贵，只要是合理合法的诉求，通过法律程序就能得到合理合法的结果。要充分调动人民群众投身依法治国实践的积极性和主动性，使全体人民都成为社会主义法治的忠实崇尚者、自觉遵守者、坚定捍卫者，使尊法、信法、守法、用法、护法成为全体人民的共同追求。

加强科学立法、严格执法、公正司法、全民守法各方面工作，必须建设一支德才兼备的高素质法治队伍。

全面推进依法治国，首先要把专门的法治队伍建设好。这主要包括从事立法工作、执法工作、司法工作的人员。对这三支队伍的建设，习近平同志分别提出了明确要求。他还强调要加强律师、公证员、人民调解员等法律服务队伍建设，他们也是依法治国的重要力量。

习近平同志明确指出：要把理想信念教育摆在政法队伍建设第一位，不断打牢高举旗帜、听党指挥、忠诚使命的思想基础；要坚持从严治警，严守党的政治纪律和组织纪律，坚决反对公器私用、司法腐败；要重点解决好损害群众权益的突出问题，进一步提高政法工作亲和力和公信力；要把法治精神当作主心骨，做知法、懂法、守法、护法的执法者；要敢于担当，"养兵千日，用兵千日"，政法干警要敢于在对敌斗争最前沿、维护稳定第一线去迎接挑战；要把政法机关能力建设作为重要任务，提高业务本领，强化职业道德，切实担负起中国特色社会主义事业建设者、捍卫者的职责使命。①

五、紧紧抓住领导干部这个"关键少数"

政治路线确定之后，干部就是决定因素。党领导立法、保证执法、支持司法、带头守法，主要是通过各级领导干部的具体行动和工作来体现、来实现。在 2015 年初省部级主要领导干部全面推进依法治国专题研讨班上的讲话中，习近平同志专门就这个问题作了论述，明确提出领导干部要做尊法、学法、守法、用法的模范。

强调要做尊法的模范，带头尊崇法治、敬畏法律。习近平同志认为应该把尊法放在第一位，这是领导干部必须具备的基本素质。只有内心尊崇法治，才能行为遵守法律。② 每个领导干部都要认识到，维护宪法法律权威就是维护党和人民共同意志的权威，捍卫宪法法律尊严就是捍卫党和人民共同意志的尊严，保证宪法法律实施就是保证党和人民共同意志的实现。要牢固树立宪法法律至上、法律面前人人平等、权由法定、权依法使等基本法治观念，彻底摒弃人治思想和长官意识，绝不搞以言代法、以权压法。

强调要做学法的模范，带头了解法律、掌握法律。学法懂法是

---

① 习近平在中央政法工作会议上的重要讲话，2014 年 1 月 7 日。
② 习近平在省部级主要领导干部学习贯彻十八届四中全会精神全面推进依法治国专题研讨班开班式上发表的重要讲话，2015 年 2 月 2 日。

守法用法的前提。法律是行使权力的依据，只有把这个依据掌握住了，才能正确开展工作。习近平同志强调，领导干部必须加强学习，打牢依法办事的理论基础和知识基础，做到心中高悬法律的明镜，手中紧握法律的戒尺，知晓为官做事的尺度。要系统学习中国特色社会主义法治理论，准确把握我们党处理法治问题的基本立场，在政治上做个"明白人"。首要的是学习宪法，还要学习同自己所担负的领导工作密切相关的法律法规，弄明白法律规定我们怎么用权，什么事能干、什么事不能干，而不能当"法盲"。①

强调要做守法的模范，带头遵纪守法、捍卫法治。纲纪不彰，党将不党，国将不国。国家法律是党领导人民制定的，党员、干部必须遵守，而且要带头模范执行。党章等党规对党员的要求比法律要求更高、更严格。党员不仅要严格遵守法律法规，而且要严格遵守党章等党规，对自己提出更高要求。习近平同志向全党郑重强调：要把厉行法治作为治本之策，把权力运行的规矩立起来、讲起来、守起来，真正做到谁把法律当儿戏，谁就必然要受到法律的惩罚。任何人都不得违背党中央的大政方针、搞"独立王国"、自行其是，任何人都不得把党的政治纪律和政治规矩当儿戏、胡作非为，任何人都不得凌驾于国家法律之上、徇私枉法，任何人都不得把司法权力作为私器，牟取私利、满足私欲。②

强调要做用法的模范，带头厉行法治、依法办事。领导干部要提高运用法治思维和法治方式的能力，把对法治的尊崇、对法律的敬畏转化成思维方式和行为方式，做到在法治之下、而不是法治之

---

① 习近平在省部级主要领导干部学习贯彻十八届四中全会精神全面推进依法治国专题研讨班开班式上发表的重要讲话，2015 年 2 月 2 日。

② 习近平在省部级主要领导干部学习贯彻十八届四中全会精神全面推进依法治国专题研讨班开班式上发表的重要讲话，2015 年 2 月 2 日。

外、更不是法治之上想问题、作决策、办事情。对此，习近平同志专门提出四点要求。即：要守法律、重程序，这是法治的第一位要求；要牢记职权法定，明白权力来自哪里、界线划在哪里，做到法定职责必须为、法无授权不可为；要保护人民权益，这是法治的根本目的；要受监督，这既是对领导干部行使权力的监督，也是对领导干部正确行使权力的制度保护。①

习近平同志突出强调领导干部在全面推进依法治国中的作用，抓住了全面依法治国的关键。他特别对"一把手"提出要求，指出党政主要责任人要切实履行推进法治建设第一责任人职责，这是推进法治建设的重要组织保证。他还要求，必须把法治建设成效作为衡量各级领导班子和领导干部工作实绩重要内容，把能不能遵守法律、依法办事作为考察干部重要依据，教育引导领导干部把法治的第一粒扣子扣好，设置法治素养"门槛"，不合格的就要从领导干部队伍中剔除出去。②

改革开放以来特别是党的十五大提出依法治国、建设社会主义法治国家以来，我国的法治建设取得了重大成就。十八届四中全会总结成功经验，根据新的实践，制定了全面依法治国的总蓝图、路线图、施工图，标志着依法治国按下了"快进键"、进入了"快车道"，对我国社会主义法治建设具有里程碑意义。习近平同志把全面依法治国放在"四个全面"战略布局中进行深刻阐发，提出一系列新思想新观点新论断，使我们的认识达到新的高度。现在，我们对中国特色社会主义法治道路，有自己的一套完整的理论、清晰的逻

---

① 习近平在省部级主要领导干部学习贯彻十八届四中全会精神全面推进依法治国专题研讨班开班式上发表的重要讲话，2015 年 2 月 2 日。
② 《中共中央关于全面推进依法治国若干重大问题的决定》（第十八届中央委员会第四次全体会议通过）。

辑、明确的说法，还有一套具体的、成功有效的做法。对这些重要的、基本的东西，全党同志都要非常清楚，充满自信。深刻理解和掌握习近平同志关于全面依法治国的重要思想观点，以"四个全面"战略布局为理论指导和实践指南，进一步统一思想、加快行动，努力把四中全会提出的各项工作和举措落到实处，坚定不移沿着中国特色社会主义法治道路前进。①

---

① 中共中央文献研究室：《全面依法治国，开启中国法治新时代——学习〈习近平关于全面依法治国论述摘编〉》，人民日报，2015 年 5 月 5 日，第 6 版。

第一章

中国特色社会主义依法治国的一般理论

党的十八届四中全会首次将依法治国作为主题，显示出党中央全面推进依法治国的坚定决心。准确把握和理解中国特色社会主义依法治国的涵义，并通过十一届三中全会以来党中央对中国特色社会主义依法治国的实践经验的总结对当代中国的道路发展提出了新的要求，这就意味着我国依法治国事业将站在一个新的历史起点。

第一节 依法治国的提出及其科学内涵

全面依法治国是以习近平为总书记的新一届中央领导集体在新的历史时期做出的治国理念的重大战略抉择，是坚持和发展中国特色社会主义的本质要求和重要保障，是推进国家治理体系和治理能力现代化的必然要求，为建设中国特色社会主义法治体系、建设社会主义法治国家、完善和发展中国特色社会主义制度指明了根本路径。

一、依法治国的理论根源

马克思主义政党改造旧世界、建设新社会的历史任务，以夺取国家政权作为转折点，分为两大历史阶段。在这两大历史阶段中，马克思主义政党分别处于不同的历史方位，承担着不同的历史使命。在前一阶段，主要是作为革命党领导人民群众破坏旧制度、旧秩序；在后一阶段，主要是作为执政党领导人民群众建立新制度、新秩序，使社会的运行和发展符合绝大多数人的利益和愿望，逐步实现每个人都能自由全面发展的价值理想。人们的社会存在决定人们的意识。随着党的历史方位从领导人民为夺取全国政权而奋斗的党，变成领导人民掌握全国政权并长期执政的党，党的意识形态不可避免地要经历历史性的转型。

全面依法治国战略经历了一个长期形成和发展的过程。1949 年，新中国通过了《中国人民政治协商会议共同纲领》这部具有临时宪法性质的文件，揭开了对法治探索的序幕。1954 年，新中国第一部宪法诞生，规定了国家的根本制度和公民的基本权利义务，奠定了中国法治建设的基础。此后，一系列的政治运动曾对我国社会秩序和民主法制建设造成了极大的破坏。但是，到 1978 年，我党吸取教训，开启了拨乱反正、解放思想、加强社会主义民主法制建设的新局面。在改革开放的时代背景下，中国法治建设踏上了崭新的征程。党先后提出了发展社会主义民主、健全社会主义法制，提出依法治国方略、法治中国建设和全面依法治国战略。

（一）列宁时期对依法治国的认识

从列宁开始，执政的共产党人已经开始意识到执政党意识形态转型的必要性，新经济政策的实行表明，他已经认识到光有打碎旧制度的革命热情是不够的，要巩固政权，必须使新制度获得绝大多数人的拥护。他在《十月革命四周年》中总结了教训，指出不能直接凭热情，而要靠个人利益，只有尊重广大群众的个人利益，才能带领群众建立新制度。在《论合作制》中他说"我们对社会主义的整个看法根本改变了"①，实际上就是指从破坏旧世界转向建设新世界。被称为"列宁的政治遗嘱"的一组文章已经显示出执政党意识形态转型的端倪。列宁逝世后，苏联的外交政策从推动世界革命转向为巩固苏维埃政权服务，但内政还是停留在革命党的意识形态视角，把对社会主义建设道路的不同认识看成阶级斗争，认为无产阶级专政不受任何法律约束，以致严重破坏社会主义民主法制，成为苏共日益脱离人民群众直至被人民抛弃的重要原因。

（二）毛泽东时期对依法治国的认识

毛泽东很早就意识到执政党意识形态视角切换的必要性。他在七届二中全会上的讲话和《论人民民主专政》都显示了这种自觉。新中国成立之初这种意识是比较强的，《论十大关系》和《关于正确处理人民内部矛盾的问题》基本上已经切换到执政党的意识形态视角。但由于传统思维模式的强大惯性和"运动治国"的路径依赖，加上冷战的国际环境，导致视角切换步履艰难，出现反复。从反右斗争开始，愈来愈多的党内外不同认识和不同的政策选择被看成是"无产阶级和资产阶级的阶级斗争"，并采用激烈的斗争手段来认识和解决分歧，法制遭到漠视和破坏。在"文化大革命"中发展到宪法和法律遭到肆意践踏，社会严重撕裂，不少家庭内部都分裂为两派，一度出现毛泽东称为"全面内战"的惨烈局面。这种"左"的意识形态最主要的错误是历史方位错位，用"破坏旧世界"的思维方式去解决"建设新世界"面临的新问题。其实中国古代的思想家就已懂得"打天下"和"坐天下"有着不同的要求，如西汉初年陆贾告诫汉高祖刘邦："居马上得之，宁可以马上治之乎？且汤、武逆

———————
① 《列宁选集》第4卷，人民出版社，1995年版，第773页。

取而以顺守之，文武并用，长久之术也。"① 贾谊在《过秦论》中总结秦朝速亡的教训时也指出，是"仁义不施，而攻守之势异也"，"取与守不同术也"。这些古训可以给我们以启示。

二、依法治国的提出

（一）发扬社会主义民主、健全社会主义法制

党的十一届三中全会拨乱反正，实现了伟大的历史性转折。这个转折不仅是从"以阶级斗争为纲"转向"以经济建设为中心"，而且是从"抓纲（阶级斗争）治国"转向"依法治国"。痛定思痛，全党同志、全国人民深切认识到，一味用斗争的方式、批判的方式、强制的方式治理国家、解决思想分歧和社会矛盾，势必造成社会的动荡和混乱，破坏已经取得的建设成就，给国家和民族带来严重损失和危害。只有依法治国，才能保障国家的安定、团结、有序和人民的生命财产安全、自由平等权利。"依法治国"的一些最基本的思想，如"必须使民主制度化、法律化，使这种制度和法律不因领导人的改变而改变，不因领导人的看法和注意力的改变而改变"，必须"做到有法可依，有法必依，执法必严，违法必究"，"国要有国法，党要有党规党法"，② 都是在实际上成为十一届三中全会主题报告的邓小平讲话《解放思想，实事求是，团结一致向前看》中提出来的。这表明邓小平已经开始自觉推动向执政党意识形态转型。从此，社会主义法制建设成为社会主义现代化建设不可缺少的组成部分。"三个代表"理论从历史趋势和价值取向的高度，对坚持共产党执政和坚持社会主义制度作了系统的合理性论证。科学发展观着眼于社会

---

① 司马迁：《史记·郦生陆贾列传》。
② 《邓小平文选》第 2 卷，人民出版社，1994 年版，第 146－147 页。

主义现代化建设的规律性指导，以发展为核心和主线来构建中国特色社会主义理论体系，更加系统地展现出执政党意识形态的鲜明特色。全面依法治国则把执政党的合法性根基从基于历史选择的具有时空局限性的历史性依据，升华为基于依法授权、依法执政、依法治国的具有持久性的法理性依据，进一步凸显出执政党意识形态着眼于长治久安的本质特征，也意味着主权在民、人民当家作主的现代政治意识对几千年来"成王败寇"的丛林政治意识的进一步扬弃。

1978 年，在党的十一届三中全会前夕中央工作会议的闭幕式上，邓小平作了题为《解放思想，实事求是，团结一致向前看》的重要讲话，提出"为了保障人民民主，必须加强法制。必须使民主制度化、法律化，使这种制度和法律不因领导人的改变而改变，不因领导人的看法和注意力的改变而改变"①，深刻阐述了发扬社会主义民主、健全社会主义法制的必要性。可以说，这是党在治国、治党方略上向法治的重大转变。我国是社会主义国家，建设中国特色社会主义必须依托人民的力量，充分调动广大人民群众的积极性，也就是要扩大民主，切实保障人民的民主权利和当家作主的权利，促进生产力的发展"没有民主就没有社会主义"②，社会主义民主关系到国家的长治久安，关系到人民的幸福安康。因此，发扬社会主义民主既要从思想上解决问题，更要从制度上解决问题，要"从制度上保证党和国家政治生活的民主化、经济管理的民主化、整个社会生活的民主化"。③ 当然，要保障人民民主，还必须加强社会主义法制建设，搞社会主义现代化建设，没有法制是不行的，"还是要靠法

---

① 《邓小平文选》第 2 卷，人民出版社，1994 年版，第 146 页。
② 《邓小平文选》第 2 卷，人民出版社，1994 年版，第 168 页。
③ 《邓小平文选》第 2 卷，人民出版社，1994 年版，第 328 页。

制，搞法制靠得住些"。①

针对当时"法律很不完备"的问题，我国集中力量开展了一系列法制建设工作，相继制定了 1979 年《中华人民共和国刑法》和《中华人民共和国刑事诉讼法》、1982 年《中华人民共和国民事诉讼法（试行）》、1986 年《中华人民共和国民法通则》等各种必要的法律，将国家和企业、企业和企业、企业和个人之间的关系，用法律的形式加以确定。同时，加强检察机关、司法机关的法制建设工作，提出了有法可依、有法必依、执法必严、违法必究的基本法制要求。到 1987 年党的十三大召开时，"社会主义民主和法制建设逐步发展，以宪法为基础的社会主义法律体系初步形成"。②

（二）国家治理与社会主义法治相结合

马克思主义国家学说明确指出，国家具有统治和治理两种基本职能。恩格斯指出：国家的"政治统治到处都是以执行某种社会职能为基础，而且政治统治只有在它执行了它的这种社会职能时才能持续下去"。③ 在夺取政权以前和取得政权之初，马克思主义者从实际情况出发，强调的是国家的"阶级统治"和"政治统治"职能。其原因就是邓小平在南方谈话中所说的："历史经验证明，刚刚掌握政权的新兴阶级，一般来说，总是弱于敌对阶级的力量，因此要用专政的手段来巩固政权。"④ 历史经验同样证明，能够掌握政权实行专政的新兴阶级，政治上、军事上已经不是弱者，实行专政主要是凭借政治上、军事上的优势，弥补经济上、文化上的劣势，以利于

---

① 《邓小平文选》第 3 卷，人民出版社，1993 年版，第 179 页。
② 《十一届三中全会以来党的历次代表人会中央全会重要文件选编》（上），中央文献出版社，1998 年版，第 441 页。
③ 《马克思思格斯选集》第 3 卷，人民出版社，1995 年版，第 523 页。
④ 《邓小平文选》第 3 卷，人民出版社，1993 年版，第 379 页。

强有力地推动社会改造。随着新政权的巩固、经济的恢复发展、新的社会秩序和法制的建立，国家的社会管理职能日益凸显，治理任务日趋繁重，"无产阶级专政"的内涵逐渐演变为无产阶级通过其先锋队对国家政治生活的领导。专政职能尽管依然不可或缺，但已降到次要地位。如果看不到国家职能的结构早已发生了历史性的变化，就不可能深刻理解我们党为什么把依法治国确定为党领导人民治理国家的基本方略，甚至会对"推进国家治理体系和治理能力现代化"被纳入全面深化改革的总目标产生怀疑。

1979年和1980年，"实行社会主义法治"和"以法治国"先后写进了中共中央文件。党的十二大通过的新党章明确规定，"党必须在宪法和法律的范围内活动"。十二大报告强调指出，这"是一项极其重要的原则。从中央到基层，一切党组织和党员的活动都不能同国家的宪法和法律相抵触。党是人民的一部分。党领导人民制定宪法和法律，一经国家权力机关通过，全党必须严格遵守"。从而在理论上讲清了党的领导与依法治国的统一性，回答了依法治国的关键问题。这项原则随即写进了1982年宪法。

尽管治国理念和治国方式的转变需要逐步克服思维定式和路径依赖的惯性，处理好改革和法治的关系也有一个逐步积累经验的过程，建立中国特色的社会主义法律体系更是一个任务极为繁重的系统工程，但实行社会主义法治，依法治国的方向不可逆转。党的十五大把依法治国确定为党领导人民治理国家的基本方略。1999年"依法治国"写入宪法。党的十七大宣布中国特色社会主义法律体系基本形成，要求实现国家各项工作法治化，并对国家法治化初步作了全面部署。十八大明确提出"法治是治国理政的基本方式"，并对全面推进依法治国做出部署，把"依法治国基本方略全面落实，法治政府基本建成，司法公信力不断提高，人权得到切实尊重和保障"

纳入全面建成小康社会的目标体系。紧接着，习近平总书记又在《在首都各界纪念现行宪法公布施行30周年大会上的讲话》中深刻论述了宪法至上的法制地位，强调"依法治国，首先是依宪治国；依法执政，关键是依宪执政"，"全面贯彻实施宪法，是建设社会主义法治国家的首要任务和基础性工作"，"党领导人民制定宪法和法律，党领导人民执行宪法和法律，党自身必须在宪法和法律范围内活动，真正做到党领导立法、保证执法、带头守法"。① 突出了依宪治国是依法治国的首要任务和关键问题。②

（三）依法治国方略的提出

1997年9月，党的十五大报告将"依法治国，建设社会主义法治国家"作为党领导人民治理国家的基本方略。从法制到法治，仅一个字的变化，却经历了法学界近20年的讨论。事实上"法制"的概念并不等同于"法治"，法制是指法律及其制度的总和，包括宪法统领下的刑法、行政法、民法、诉讼法等各个部门法和立法、司法等各项制度。法治则是通过静态的法律制度治理国家的动态过程，体现为党最广泛地动员和组织人民依法管理国家事务和社会事务、管理经济和文化事业，更好地保障人民当家作主的地位和权益；在基本法制建设之外，包含了"民主""自由""人权"等价值追求。③

党的十五大报告在依法治国方略下，提出了"加强立法工作，提高立法质量，到2010年形成有中国特色社会主义法律体系"的法治目标，奠定了依法治国方略的基础。在此后的十三年（1997年到

---

① 习近平：《在首都各届纪念现行宪法公布施行30周年大会上的讲话》，人民日报，2012年12月5日。
② 蓝蔚青：《全面依法治国的重大意义和丰富内涵》，中共宁波市委党校学报，2015年第4期，第24－30页。
③ 程燎原：《从法制到法治》，法律出版社，2000年版，第10页。

2010 年）中，中国法治建设取得了突出成就，标志性事件包括：
1999 年，宪法修正案明确规定"中华人民共和国实行依法治国，建
设社会主义法治国家"①，将党的法治主张提升到宪法高度，以获得
合法性基础，使党的执政理念通过法律程序转换为国家意志；2002
年，党的十六大报告指出要将"坚持党的领导、人民当家作主和依
法治国统一起来"，在坚持党的领导是依法治国根本保障的前提下，
提出不断提高依法执政能力的要求；2004 年，宪法修正案将"国家
尊重和保障人权"② 写入宪法，进一步丰富了法治的内涵。另外，
1999 年《中华人民共和国合同法》、2007 年《中华人民共和国物权
法》和 2009 年《中华人民共和国侵权责任法》的出台，使得规范社
会主义市场经济的民事基本法趋于健全。2011 年 3 月 10 日，在十一
届全国人大四次会议上，吴邦国郑重宣布：一个立足中国国情和实
际、适应改革开放和社会主义现代化建设需要、集中体现党和人民
意志的，以宪法为统帅，以宪法相关法、民法商法等多个法律部门
的法律为主干，由法律、行政法规、地方性法规等多个层次的法律
规范构成的中国特色社会主义法律体系已经形成。③ 2011 年 10 月，
国务院新闻办公室发表《中国特色社会主义法律体系》白皮书，明
确指出：新中国成立 60 多年来，特别是改革开放 30 多年来，中国
共产党领导中国人民制定宪法和法律，经过各方坚持不懈的共同努
力，国家经济建设、政治建设、文化建设、社会建设以及生态文明
建设的各个方面实现了有法可依。可以说，经过十三年的法制建设，
初步实现了党的十五大的立法工作目标，依法治国方略得到进一步

---

① 《中华人民共和国宪法》第 5 条，中国法制出版社 2012 年版。
② 《中华人民共和国宪法》第 33 条，中国法制出版社 2012 年版。
③ 《吴邦国在十一届全国人大四次会议上作的常委会工作报告（摘登）》，人民日
报，2011 年 3 月 11 日，第 1 版。

贯彻落实。①

（四）新时期法治中国建设的新认识

2013 年 1 月，在全国政法工作会议上，习近平向全国政法机关提出了新要求："要顺应人民群众对公共安全、司法公正、权益保障的新期待，全力推进平安中国、法治中国、过硬队伍建设"②，第一次在正式会议上提出了"法治中国"的概念。2013 年 2 月，习近平在主持中共中央政治局集体学习时进一步阐释了"法治中国"的理念："坚持依法治国、依法执政、依法行政共同推进（以下称'三个共同推进'），坚持法治国家、法治政府、法治社会一体建设（以下称'三个一体建设'）。"③ 2013 年 11 月，为贯彻落实党的十八大"加快建设社会主义法治国家"和"全面深化改革"的战略部署，党的十八届三中全会通过了《中共中央关于全面深化改革若干重大问题的决定》，提出"推进法治中国建设"的战略目标，在"三个共同推进""三个一体建设"的基础上，强调要"深化司法体制改革，加快建设公正高效权威的社会主义司法制度，维护人民权益，让人民群众在每一个司法案件中都感受到公平正义"④，将"推进法治中国建设"上升为党的战略任务和执政目标。"法治中国建设"是对依法治国、建设社会主义法治国家基本方略的进一步丰富和升华。从"依法治国"到"法治中国建设"，标志着我国的法治实践

---

① 陈洪玲：《全面依法治国的内涵及其战略地位》，山东社会科学，2015 年第 7 期，第 11 – 16 页。

② 彭波：《顺应人民对公共安全司法公正权益保障的新期待全力推进平安中国法治中国过硬队伍建设》，人民日报，2013 年 1 月 8 日，第 1 版。

③ 《习近平总书记系列重要讲话读本》，学习出版社、人民出版社，2014 年版，第 81 页。

④ 《党的十八届三中全会（决定）学习辅导百问》，党建读物出版社、学习出版社，2013 年版，第 20 页。

已迈入了新征程。

在实践上，2013 年 8 月，十二届全国人大常委会第四次会议表决通过了《关于授权国务院在中国（上海）自由贸易试验区内暂时调整有关法律规定的行政审批的决定》，是国家开始运用法治思维与方式引领和推进改革的一项重大实践；2013 年 12 月，十二届全国人大常委会第六次会议表决通过了有关废止劳动教养制度的决定。此外，2013 年，全国人大通过修改包括文物保护法、海洋环境保护法等 19 部法律，取消和下放了一些领域的行政审批事项，为党的十八大提出的"深化行政体制改革"提供了立法支持。法治中国建设目标的提出，体现了我们党法治理论的自觉和法治实践的主动，是法治国家建设的新境界，是推进国家治理体系和治理能力现代化的重要保障。

三、全面依法治国战略的科学内涵

十八届四中全会《中共中央关于全面推进依法治国若干重大问题的决定》（以下称《决定》）对社会主义法治国家建设做出顶层设计，阐明了全面依法治国的丰富内涵。

首先，全面依法治国的目标是全面的。十八届四中全会提出了全面推进依法治国的总目标："建设中国特色社会主义法治体系，建设社会主义法治国家"①，并对这个总目标的内涵进行了全面系统的阐述，这是一个重大的理论创新。中国特色社会主义法治体系包括完备的法律规范体系、高效的法治实施体系、严密的法治监督体系、有力的法治保障体系、完善的党内法规体系五大体系。中国几千年

---

① 《中共中央关于全面推进依法治国若干重大问题的决定》（2014 年 10 月 23 日中国共产党第十八届中央委员会第四次全体会议通过）。

的封建社会有法律无法治，关键在于没有一套保障法律权威和法治实施的制度和运行机制，权力特别是君权高于法律。转向依法治国以来，经过30多年的努力，中国特色社会主义法律体系已经形成，但有法不依、执法不严、违法不究现象还比较严重，知法犯法、以言代法、以权压法、徇私枉法、选择性执法、差异性执法等现象依然存在。所以，全面依法治国必须全面推进五大体系建设，不但要使中国特色社会主义法律体系继续完备和与时俱进，而且要在更高层次的"中国特色社会主义法治体系"的统领和保障下，使法律得到人人尊重、自觉遵守、严格执行、广泛运用，真正成为规范社会生活各个领域的权威，有效实现依法治国。

其次，全面依法治国的主体是全面的。全面依法治国的关键，是执政党依法执政。四中全会《决定》既要求党依据宪法法律治国理政，领导立法、保证执法、支持司法、带头守法，也要求党依据党内法规管党治党。这充分体现了我们党作为执政党的历史自觉和责任担当。30多年来，所有依法治国的重要步骤都是我们党顺应历史潮流主动提出和自觉实施的，如果没有这种自觉，依法治国不可能取得任何进展。当前和今后，只有不断提高党员领导干部这个"关键少数"依法执政的自律性，自觉坚持党的一切组织和任何成员都必须在宪法法律范围内活动，维护宪法法律权威，捍卫宪法法律尊严，保证宪法法律实施，带头尊崇法治、厉行法治、捍卫法治，敬畏法律、掌握法律、依法办事，彻底摒弃权力的任性和傲慢，与错位的权力观彻底决裂，依法治国才能全面落实。《决定》还对人大、政府、政协、审判机关、检察机关在全面依法治国中的地位和作用都提出了明确的要求，体现了任何组织和个人都必须依照宪法法律行使权力或权利、履行职责或义务，都不得有超越宪法法律的特权。《决定》又强调人民是依法治国的主体和力量源泉，要求必须坚持法治建设为了人民、依靠人民、造福人民、保护人民，以保障人民根本权益为出发点和落脚点，保证人民依法享有广泛的权利和自由、承担应尽的义务，维护社会公平正义，促进共同富裕。在全面保障人民在依法治国中的终极主体地位的同时，《决定》也要求增强全社会的学法、尊法、守法、用法意识，使法律为人民所掌握、所遵守、所运用。总之，主体的全面性意味着全面依法治国就是要更好地把党的领导和人民当家作主紧密结合起来，在法治国家、法治政府、法治社会一体建设的基础上，把一切社会主体的行动都纳入法治的轨道。

第三，全面依法治国的环节是全面的。它覆盖立法、执法、司法、普法和守法所有环节，形成一个环环相扣、互相依托、互相支撑的系统工程，每个环节上都有一系列重点明确、协调配套的制度建设和改革举措。

在立法环节上，《决定》对立法的根本依据、地位、作用、关键、理念、原则、体制机制和基本要求作了全面的阐述，对执政党、人大、政府在立法过程中的职责任务、权力边界、体制机制和工作程序全都有针对性地提出了具体要求。《决定》还全面规划了当前和今后一个时期加强重点领域立法的任务。

在执法环节上，《决定》要求创新执法体制，完善执法程序，推进综合执法，严格执法责任，建立权责统一、权威高效的依法行政体制，加快建设职能科学、权责法定、执法严明、公开公正、廉洁高效、守法诚信的法治政府。全面推进机构、职能、权限、程序、责任法定化和各级政府事权规范化、法律化，坚持法定职责必须为、法无授权不可为。为了强化对行政权力的制约和监督，《决定》要求以加强对政府内部权力的制约为重点，全面加强各项监督制度建设，全面推进政务公开，形成科学有效的权力运行制约和监督体系。

在司法环节上，《决定》通过确保司法机关依法独立公正行使审判权和检察权，优化司法职权配置，完善各项司法制度和程序，全面建立司法人员责任制，健全内部和外部监督制约机制，保障人民群众参与司法并提高参与成效，构建阳光司法机制，加强人权司法保障等等，全方位地确保司法公正。

在普法和守法环节上，《决定》要求推动全社会树立法治意识，弘扬法治精神，建设法治文化，使全体人民都成为社会主义法治的忠实崇尚者、自觉遵守者、坚定捍卫者。同时把领导干部带头学法、模范守法作为树立法治意识的关键。既重视宣传教育，建设多渠道全媒体的普法宣传教育机制；更注重在践行中养成，通过推进多层次多领域多形式多主体的依法治理，建设完备的法律服务体系，健全依法维权和预防化解社会矛盾纠纷机制，完善立体化社会治安防控体系，引导全民自觉守法、遇事找法、解决问题靠法。

第四，全面依法治国的领域是全面的。不仅经济领域、政治领域、文化领域、社会领域都要依法治理，打击犯罪、维护稳定、环境保护、生态文明建设也要依法治理，管党治党、国防和军队建设、保障"一国两制"和推进祖国和平统一、处理涉外经济社会事务以及意识形态领域和虚拟世界管理同样必须法治化，没有任何领域可以置身于法治之外。

第五，全面依法治国的保障措施是全面的。党的领导是全面推进依法治国、加快建设社会主义法治国家最根本的保证。《决定》要求健全党领导依法治国的制度和工作机制，把党的领导贯彻到全面推进依法治国全过程，同时也把执政党对依法治国的责任落到了实处。它首先要求各级领导干部要深刻认识到宪法法律体现了党和人民共同意志，必须对法律怀有敬畏之心，带头遵守法律，带头依法办事，并提高法治思维和依法办事能力；同时规定建立一系列责任追究制度，包括终身责任追究制度和责任倒查机制，使"违法必究"更具可操作性，有力地保障领导干部和司法人员严格依法行使权力。加强法治工作队伍建设是依法治国的组织和人才保障，《决定》在这方面也提出了一整套切实有效的措施。

从"抓纲治国"转向"依法治国"再到"全面依法治国"，展现出随着我们党的历史方位的变化，党的意识形态发生历史性转型的必然性。这是我们党治国理念的重大飞跃，也是执政党的一场深刻的自我革命。全面依法治国的目标、主体、环节、领域和保障措施都是全面的。全面依法治国是全面建成小康社会、全面深化改革和全面从严治党的根本保障。

总之，随着《决定》的通过，全面依法治国已经不仅是一个原则性的要求，而是一个全面系统的行动纲领，并正在中央全面深化改革领导小组讨论通过的一项项制度、方案中进一步细化。

第二节 全面推进依法治国的重要意义及其战略地位

习近平总书记提出的"四个全面"战略布局，是新一届中央领导集体的治国纲领，是今后相当长时期内全党全国工作的总纲。在这个战略布局中，全面依法治国是国家治理现代化的根本要求，是全面建成小康社会、全面深化改革和全面从严治党的根本保障。

当今世界，先进发达的国家无一不是法治国家，这当然使立志赶超发达国家的中国人把实现依法治国当作改革的主要目标之一。然而仅仅从现代化的层面去理解依法治国是比较肤浅的，对于正处在转轨时期巨大变化中的中国，实现依法治国有其特殊的重要性和必要性。

一、全面推进依法治国的重要意义

在邓小平同志建设有中国特色的社会主义理论指引下，中央进一步明确提出，要依法治国，建设社会主义法治国家。这是邓小平同志民主法制思想的重大发展，是我国治国方式的进一步完善，具有重大的现实意义和深远的历史意义。法律是国家机关制定并由国家强制力保证其实施的社会规范。所谓依法治国，就是指依照体现人民意志、反映社会发展规律的法律来治理国家，国家的政治、经济、社会的活动以及公民在各个领域的行为都应依照法律进行，而不受任何个人意志的干涉、阻碍和破坏。一句话，依法治国，就是依表现为法律形式的人民意志来治理国家。即国家的立法机关依法立法，政府依法行政，司法机关依法独立行使审判权、检察权，公民的权利和自由受法律的切实保护，国家机关的权力受法律严格制约。依法治国最基本的标志是，它必须建立体现人民意志、反映社会发展规律的完备的法律体系，同时法律又应当具有极大的权威，能够在国家和社会生活的各个方面得到普遍地、切实地遵守。历史证明，依法治国，是人民的共同愿望，是历史发展的必然要求，是人类文明进步的重要标志，是建设社会主义伟大事业的根本大计。它的重要性和必要性，主要表现在以下四个方面：

（一）依法治国是建设社会主义市场经济，促进生产力发展的客观要求

社会主义的主要任务是发展社会生产力。贫穷与落后绝不是社会主义。这就需要否定行之多年的计划经济体制，把社会主义与市场经济结合起来，建立起新的社会主义市场经济体制。市场经济的自主、平等、诚信等属性，必然从客观上要求法律的规范、引导、制约、保障和服务。社会主义市场经济建立和完善的过程，实质上

是经济法制化的过程。我国实行社会主义市场经济，法律是重要的调节器。只有建立健全全面且能有效得到实施的市场主体法律、市场行为法律、市场秩序法律、宏观调控法律、社会保障法律和制裁犯罪法律，社会主义市场经济才能够健康有序运行，经济活动中的种种弊端如投机倒把、坑蒙诈骗、假冒伪劣直至权钱交易等腐败现象，才能够很好地预防和消除。我国的经济要成为国际市场的组成部分，就必须按国际经贸和民商事领域的惯例和通行规则办事，也需要健全法制。可以说，不依法治国，就不可能有社会主义市场经济的健康发展。

（二）依法治国是促进社会主义民主政治建设，实现人民当家作主的根本保证

建设有中国特色的社会主义是十三亿中国人民的伟大事业。它和人民当家作主紧密相连，休戚相关。没有社会主义民主，就没有社会主义。民主是依法治国、建设法治国家的坚实基础，依法治国、建设法治国家又是实现民主政治的根本保障。早在七十年代末，邓小平同志就提出，为了保障人民民主，必须加强社会主义法制，必须使民主制度化、法律化。① 从治国方略的高度来讲，就是依法治国，建设法治国家。因为只有如此，人民才能依照法定程序把自己真正信任的人选进国家机关充当公仆；才能依照法定程序撤换不称职的公务人员；才能通过人民代表大会制度，通过中国共产党领导下的多党合作和政治协商制度来参政、议政，管理国家事务，管理经济、文化事务和社会事务；才能通过法定程序保证国家对重大问题的决定符合自己的根本利益；才能使自己的一切权利和自由得到切实保障，如果遭到侵犯，可以及时获得法律的有效救济。因此，

---

① 邓小平：《解放思想，实事求是，团结一致向前看》，1978 年 12 月 13 日。

推进社会主义民主政治建设，必须依法治国。

（三）依法治国是推进精神文明建设，促进社会全面进步的内在需要

建设有中国特色的社会主义，是一个缔造崇高精神文明、推动社会全面进步的伟大事业。要想使我们国家和民族精神文明不断升华发展，社会能够全面进步，就需要树立崇高的道德观念，荡涤利己主义的浊水；培育遵纪守法的风尚，消除公共生活中的无序状态；繁荣文学艺术，扫除精神垃圾，这一切都需要依法治国，建设社会主义法治国家。

"科教兴国"是我国发展战略的重要组成部分，但只有建立和完善市场经济法制，形成发展科学、革新技术为内在动因的法律机制，才能把科学技术转化为生产力。如果不建立起健全的法律制度，提高办教育的内在要求，就很难保证九年义务教育的实施，也难以制止挪用教育资金，拖欠教员工资，侵占学校财产和场所等现象的发生，振兴教育的愿望也就不能实现。所以，为了振兴科技，发展教育，建设高度的社会主义精神文明，就必须将依法治国与科教兴国相提并重，如此才能使其发挥出无穷的精神和物质力量。

（四）依法治国是保证国家稳定、实现长治久安的关键所在

国家稳定、长治久安，是人民的最高利益。历史经验表明，法令行则国治国兴，法令弛则国乱国衰。保持稳定最根本、最靠得住的措施是实行法治。因为，它最具稳定性、连续性，不会因领导人的变动而变动，不会因领导人注意力的变化而变化；它最具权威性，集中体现了人民的愿望、党的主张、国家的意志；它最具有科学性，反映客观规律；它的规范明确，具有普遍约束力。依法治国的这些特性是其他方式不可替代的，它是国家稳定、长治久安的关键所在。只有建设法治国家，才能做到：保证对重大问题的决策科学化、民

主化；保证国家重大事项的决定，依照法律程序进行；保证令行禁止，国家生活健康有序；保证坚决、及时铲除任何颠覆活动；保证及时而妥善地化解各种不安定因素，解决人民群众内部矛盾或纠纷，以加强团结，增强凝聚力，调动一切积极因素，为现代化建设事业共同奋斗。

依法治国和发挥领导者个人的作用是完全一致的。因为只有好的制度，只有稳定、连续、科学的法律和制度，才能使领导者发挥他应有的作用，使好人不犯和少犯错误。同时，依法治国和中央适度权力集中也是完全一致的，因为只有把民主集中制的原则体现到国家管理制度中，并将其法律化，才能使中央的权力很好地实施，地方的权力也能够很好地发挥。充分发挥中央和地方两个积极性，使国家各方面都按照法律来运作，才能彻底跳出人亡政息的历史周期，使我们国家世世代代保持稳定。依法治国关系到国家的前途和命运，影响着经济的发展和振兴，关系到人民的切身利益和福祉。因此，这是使我们国家的社会主义伟大事业能够兴旺发达的根本大计。①

二、全面依法治国是其他三个"全面"的根本保障

党的十八届四中全会是我们党执政以来第一次以依法治国为主题的中央全会，全会通过的《中共中央关于全面推进依法治国若干重大问题的决定》（以下简称《决定》）是依法治国的顶层设计和行动纲领。《决定》明确提出了全面推进依法治国的指导思想、总目标、基本原则，阐明了建设社会主义法治国家的性质、方向、道路、抓手，提出了关于依法治国的一系列新观点、新举措，对科学立法、

---

① 王家福、李步云等：《论依法治国》，法学研究，第18卷第2期，第3－9页。

严格执法、公正司法、全民守法、法治队伍建设、加强和改进党对全面推进依法治国的领导做出了全方位的部署。从提出"依法治国"到"全面依法治国",是我们党治国理念的又一次重大飞跃,也为执政党的合法性论证提供了更为坚实的基础。

提出并切实部署全面依法治国,是我们党向全党、全国人民和全世界的历史性宣示,是执政党的一场深刻的自我革命。它表明我们党下决心要把权力彻底关进制度的笼子。依法治国实质上就是要正确解决权和法的关系问题。权力与国家有着不可分割的联系,可以说只有需要行使权力的地方才需要国家出场。但正如习近平总书记在省部级主要领导干部学习贯彻十八届四中全会精神全面推进依法治国专题研讨班开班式上的讲话中深刻指出的:"权力是一把双刃剑,在法治轨道上行使可以造福于民,在法律之外行使则必然祸害国家和人民。"[1] 社会主义各国的历史经验证明,权力私有化是最危险的私有化。苏共丧失政权并解体的最主要原因,就是特殊利益集团垄断了公共权力,并用这种不受法律制约的权力为少数人谋利益,损害了绝大多数人的利益,最终被人民抛弃。法律具有规范性和公开性。只有坚持全面依法治国,把法律特别是宪法置于一切权力之上,把一切社会规则以法律的形式放到光天化日之下,接受人民的评判,并且依法设定权力、规范权力、行使权力、制约权力、监督权力,才能保证权为民所赋、权为民所用,保障人民真正当家作主,也才能保证我们党始终坚持全心全意为人民服务的根本宗旨永不变质。[2]

"四个全面"是一个有机的整体,全面依法治国是全面建成小康

---

[1] 习近平在省部级主要领导干部学习贯彻十八届四中全会精神全面推进依法治国专题研讨班开班式上发表的重要讲话,2015年2月2日。

[2] 蓝蔚青:《深入落实全面依法治国》,浙江日报,2015年5月22日。

社会、全面深化改革和全面从严治党的根本保障。

全面依法治国是全面建成小康社会的根本保障。"小康"不仅仅是一个表明生活水平、生活质量的概念，它还要求社会的全面进步，要求社会按照公平公正完备的制度有序运行。全面建设小康社会不仅是一个经济社会不断发展，生活水平、生活质量全面提高的过程，也是一个社会治理水平不断提高的过程。全面建设小康社会又是以建立社会主义市场经济体制为基础的，经济体制的转轨必然要求社会管理体制从行政一元化向民主化、法治化、多元化转变，实现国家治理的现代化，使法律成为经济社会生活的最高权威，使法治成为社会治理的根本原则。邓小平1992年在确立建立社会主义市场经济体制的目标的同时，预计"恐怕再有三十年的时间，我们才会在各方面形成一整套更加成熟、更加定型的制度"。[①] 这个时间进度，覆盖了从开始进入小康社会到全面建成小康社会的全过程。制度的成熟和定型，是全面建成小康社会的重要标志。党的十八大确定的全面建成小康社会的宏伟目标，就包括"人民民主不断扩大。民主制度更加完善，民主形式更加丰富，人民积极性、主动性、创造性进一步发挥。依法治国基本方略全面落实，法治政府基本建成，司法公信力不断提高，人权得到切实尊重和保障"。[②] 小康社会是法治化的社会，是依法依规有序运行的社会，是能够有效化解各种社会矛盾的社会，是公平公正的社会。只有全面依法治国，才能建成这样的社会。

"建成"要靠法治，"全面"也有赖于法治。全面建成小康社会所说的"全面"包含着两重含义：一是涉及领域全面，要统筹协调

---

① 《邓小平文选》第三卷，人民出版社，1993年版，第372页。
② 中国共产党第十八次全国代表大会报告：《坚定不移沿着中国特色社会主义道路前进 为全面建成小康社会而奋斗》，2012年11月8日。

五大建设，相互配合相互促进，实现社会全面进步，不能留短板，不能顾此失彼；二是受惠对象全面，不能让一部分地区、一部分人掉队。这就要进一步健全完善社会主义法律体系，加强重点领域立法，弥补立法短板，按照十八届四中全会的要求，"加快完善体现权利公平、机会公平、规则公平的法律制度，保障公民人身权、财产权、基本政治权利等各项权利不受侵犯，保障公民经济、文化、社会等各方面权利得到落实，实现公民权利保障法治化。"① 还要运用法治的权威来加强发展的薄弱环节，突破发展的难点，统筹协调各个领域的建设，用法治来保障社会的公平正义，保证人民平等参与、平等发展权利，保证发展的成果更多地、更公平地惠及全体人民。特别是要严格坚持依法制定和修改发展规划，依法做出重大的发展决策，用法治手段来规范和调整利益分配。两个"全面"还需要靠健康协调持续的发展提供支撑，这又需要用法治来有效地保护各种产权，保护和鼓励创新，同时及时清理有违公平、阻碍经济社会发展的法律法规条款。

　　全面依法治国是全面深化改革的根本保障。十八届三中全会《决定》指出："当前，我国发展进入新阶段，改革进入攻坚期和深水区。必须以强烈的历史使命感，最大限度集中全党全社会智慧，最大限度调动一切积极因素，敢于啃硬骨头，敢于涉险滩，以更大决心冲破思想观念的束缚、突破利益固化的藩篱，推动中国特色社会主义制度自我完善和发展。"② 全面深化改革要啃的硬骨头主要是渐进性改革过程中形成的不合理的利益关系，改革攻坚不可避免地

---

① 《中共中央关于全面推进依法治国若干重大问题的决定》（2014年10月23日中国共产党第十八届中央委员会第四次全体会议通过）。
② 《中共中央关于全面深化改革若干重大问题的决定》（2013年11月12日中国共产党第十八届中央委员会第三次全体会议通过）。

面临既得利益的阻力，而且不少既得利益已经通过部门主导的政策制定和立法被文本化、制度化、法律化。一些情绪化的争论又掩盖了实际的利益关系，阻碍人们通过实践检验辨明是非、形成共识，实事求是地解决问题。因此，迫切需要在宪法规定的基本原则和十八届三中、四中全会所做出的顶层设计的指导下，运用法治思维和法治方式引领和推动改革，用法律法规来提高改革举措的权威性和可操作性，按法定程序有序推进改革。还要学会用法治来统筹社会力量、平衡社会利益、调节社会关系、化解社会矛盾，并通过规范化、制度化、法律化全面巩固改革成果，进一步完善中国特色社会主义制度。

全面依法治国是全面从严治党的根本保障。执政党要管好掌握权力的各级领导干部，防止滥用权力、以权谋私、腐败变质，保证每个党员干部服从党的纲领路线和人民的利益和意志，必须从严治党。有法不依，执法不严，必然腐败丛生。从严治党必须惩防结合、标本兼治。近年来党中央坚决惩治腐败分子的高压态势开始彰显党纪国法的权威，为完善制度、从严治党创造了有利的条件。但要实现长治久安，使共产党能够始终经得起执政考验、改革开放考验、市场经济考验、外部环境考验，必须通过全面依法治国的实践，抓住领导干部带头学法、模范守法这个树立法治意识的关键，把领导干部作为普法的重点对象，在全体党员特别是党员领导干部中牢固确立任何组织和个人都必须在宪法法律范围内活动、任何权力都要受到宪法法律制约的观念，摒弃人治思想，同"谁有权谁说了算""有权就可以为所欲为""法律只是管老百姓的""我说你违法就是违法"等特权思想彻底决裂，强化规则意识，带头尊崇法治、敬畏法律、遵守法律，维护法律权威，严格执行法律，把法律作为不可逾越的红线。一个把国家的法律都看成一纸空文的人，是不可能接受任何党纪的约束的。因此必须用法律来严格约束党内外一切行使权力的行为，违法者不论职务多高、权力多大，毫无例外地都要受到惩处。

同时要把法治精神引入党内治理，进一步完善党内制度体系和规范体系，使党内的行为规范制度化，制度公开化，严明党纪，坚持党纪面前人人平等，严格依据党内法规管党治党，坚决维护制度的严肃性和权威性，形成制度的硬约束，让那些违背党的宗旨、党章和党内政治生活准则的潜规则彻底失效。使共产党员特别是党的领导干部不但要受到宪法和法律的约束，而且要受到党规党纪更严格的约束。让那些违纪违规的党员领导干部，在还没有达到违法程度的时候就受到党纪的惩戒，促使他们及时回头。这实际上是对他们的警示和挽救，防止小错酿成大错、违纪走向违法，也体现了党对领导干部这一宝贵资源的珍惜。十八届四中全会《决定》还把法治精神贯彻到党的领导班子建设和干部队伍建设中，规定"党政主要负责人要履行推进法治建设第一责任人职责"，要求"把法治建设成效作为衡量各级领导班子和领导干部工作实绩重要内容，纳入政绩考核指标体系。把能不能遵守法律、依法办事作为考察干部重要内容，在相同条件下，优先提拔使用法治素养好、依法办事能力强的干部。对特权思想严重、法治观念淡薄的干部要批评教育，不改正的要调离领导岗位"。① 进一步为全面依法治国和全面从严治党夯实组织基础。

全面依法治国是在党的领导下向前推进的，党领导立法、保证执法，带头遵守宪法和法律，树立宪法和法律权威就是树立党对国

① 习近平在省部级主要领导干部学习贯彻十八届四中全会精神全面推进依法治国专题研讨班开班式上发表的重要讲话，2015 年 2 月 2 日。

家领导的权威。党的领导、人民当家作主和依法治国是有机统一的。全面依法治国丰富了法治的内涵,其包含的"新十六字方针""三个共同推进"和"三个一体建设",是针对中国特色社会主义事业总体布局的全面部署,彰显了法治的全方位与多角度。全面依法治国"不仅注重立法的层面,更覆盖到科学立法、严格执法、公正司法、全民守法全过程,囊括了完备的法律规范体系、高效的法治实施体系、严密的法治监督体系、有力的法治保障体系和完善的党内法规体系",[1] 凸显了完整系统的社会主义法治建设规划,体现了法治的一致性、协调性和系统性。

三、全面依法治国的战略地位

"四个全面"是以习近平为总书记的党中央治国理政的战略布局,全面依法治国是这一战略布局的关键一环,是"关系我们党执政兴国、关系人民幸福安康、关系党和国家长治久安的重大战略问题,是完善和发展中国特色社会主义制度、推进国家治理体系和治理能力现代化的重要方面",[2] "标志着依法治国按下'快进键'、进入'快车道'",[3] 国家治理迈向新境界。

(一) 全面依法治国是全面建成小康社会的内在要求

党的十八大明确提出全面建成小康社会的奋斗目标,习近平强

---

[1] 人民日报社评论部编著:《"四个全面"学习读本》,人民出版社,2015 年版,第 187 页。

[2] 《关于"中共中央关于全面推进依法治国若干重大问题的决定"的说明》,人民日报,2014 年 10 月 29 日,第 2 版。

[3] 人民日报社评论部编著:《"四个全面"学习读本》,人民出版社,2015 年版,第 176 页。

调："实现这个目标是实现中华民族伟大复兴中国梦的关键一步。"①
当前，全面建成小康社会已经进入决定性阶段，随着经济全球化的
迅猛发展和国内外市场的激烈竞争，我们面临的改革、发展和稳定
的任务之重是前所未有的，我们面临的矛盾风险挑战之多也是前所
未有的。如何准确把握当代中国的实际，有效解决我国发展过程中
遇到的各种矛盾和问题、化解来自方方面面的风险和挑战，关系到
全面建成小康社会战略目标的实现。

　　法治是我们党治国理政的基本方式，是推进国家治理体系和治
理能力现代化的必然路径。全面建成小康社会内在地包涵着和谐社
会、法治社会的意蕴。而建设更加公平正义的和谐社会，解决发展
过程中产生的不平衡、不协调、不可持续问题，解决人民群众普遍
关心的教育、就业、收入分配、社会保障、医药卫生和住房等问题，
都需要发挥法治的引导、推动、规范和保障作用，这也是法治中国
建设的价值诉求。另外，要实现全面建成小康社会的重要目标——
"依法治国基本方略全面落实，法治政府基本建成，司法公信力不断
提高，人权得到切实尊重和保障"，② 从客观上对全面推进依法治国
提出了更高的要求。因此，要全面推进科学立法、严格执法、公正
司法和全民守法的进程，坚持"三个共同推进"，"三个一体建设"，
维护和捍卫宪法与法律权威，充分发挥法治的引领、规范和支撑作
用。在法治框架下，营造有序、理性、平和的社会环境，建设人们
向往的平安家园；协调政府、社会和个人的关系，以法治方式维护
最广大人民的根本利益，让老百姓生活得有安全感，处处感觉到公

①　人民日报社评论部编著：《"四个全面"学习读本》，人民出版社，2015 年版，第 27 页。
②　《中国共产党第十八次全国代表大会文件汇编》，人民出版社，2012 年版，第 16 页。

平正义。

（二）全面依法治国是全面深化改革的重要保障

改革是一场深刻的革命，是社会主义制度的自我完善与发展。当前，我国改革已进入攻坚期和深水区，且又处于复杂的国际国内环境之中。从国际上看，伴随着经济全球化趋势的深入发展，我们不可避免地要面对经济全球化带来的机遇和挑战，这就要求我们依据国情、循序渐进地扩大对外开放，不断提高防范和抵御风险的能力；同时通过深化改革，不断调整和变革发展模式和发展理念。从国内来看，仍面临着一系列突出矛盾和挑战，还存在这样或那样的问题和困难。要化解矛盾、解决问题，关键在于全面深化改革，全面深化改革也只有遵循依法改革，才能焕发出勃勃生机。

党的十八届三中全会明确指出，在全面深化改革过程中，要用法治思维和法治方式化解社会矛盾，要用法治方式凝聚改革共识。党的十八届四中全会进一步强调，要在法治轨道上全面深化改革，在法治保障下不断深化改革，从而实现宪法和法律对改革的引导、规范和推动作用，确认和巩固改革的成果，确保中国社会在深刻的变革中既生机勃勃又并然有序。如果不能及时"以法治方式疏浚改革洪流，以法治思维化解矛盾淤积，减少利益调配带来的社会震荡，缓解结构调整造成的转型阵痛"，① 势必会引发新的矛盾，甚至可能引起混乱。因此，必须以法治为保障，"确保国家发展、重大改革于法有据，把发展改革决策同立法决策更好结合起来"，② 确保全面深化改革稳步推进。

---

① 《用法治为全面深化改革护航——四论深入学习贯彻十八届四中全会精神》，人民日报，2014 年 10 月 28 日，第 1 版。
② 人民日报社评论部编著：《"四个全面"学习读本》，人民出版社，2015 年版，第 166 页。

（三）全面推进依法治国需要同步推进依法治党、依规治党

办好中国的事情，关键在党，坚持党的领导是全面依法治国的根本要求。在全面推进依法治国的进程中，党要始终发挥根本性和全局性的领导作用，领导立法、保证执法、支持司法、带头守法，确保全面推进依法治国的正确的政治方向。同时，在新的形势下，党要履行好执政兴国的重大职责，依据党章从严治党，依据宪法治国理政。① 也就是说，要在全面推进依法治国的进程中，推进依法治党、依规治党。党的十八届四中全会强调：依法执政，既要求党依据宪法法律治国理政，也要求党依据党内法规管党治党。此外，全面推进依法治国昭示着党纪国法既是高压线，也是警戒线，任何人都不能触犯。党的十八届四中全会要求每一个党员干部都必须带头遵守党纪国法，坚决维护党纪国法的权威和尊严。坚持法律面前人人平等，只要触及了党纪国法，不管涉及谁，都要一查到底，绝不姑息，从而实现法律制度的刚性运行，切实体现治国必先治党，全面推进依法治国与全面推进依法治党、依规治党同步进行。

第三节　依法治国的主要标志及其面临的主要问题

依法治国方略一经提出，无论在法学理论界还是在司法实践部门，都产生了强烈的反响。然而，这一方略是在实行法治所需的心理素养和理论准备都很不足的情况下提出的，随着法治进程的逐步深入，原本不为人们所面对的问题开始逐渐显现。于是，人们很快

---

① 人民日报社评论部编著：《"四个全面"学习读本》，人民出版社，2015 年版，第 287 页。

开始发现，法治原来不可能一蹴而就，依法治国是一个长期的、浩大的社会工程，它甚至需要几代人的努力。

一、依法治国的主要标志

法治是现代社会治国理政的基本方式。改革开放以来，党中央在治国理政上的一个重要取向，就是在实现社会主义现代化、使国家长治久安的理念和路径上，越来越重视发挥法治的重要作用。随着我国法治进程的不断加快，依法治国逐步成为我们党领导人民治理国家的基本方略、写入了宪法，在发展中国特色社会主义中的保障和引领作用不断增强。① 实践证明，依法治国是我国各项事业兴旺发达的基本条件和迫切需要。党的十八大以来，习近平总书记站在党和国家事业全局的高度，多次就依法治国发表了重要阐述，提出加快建设法治中国的方向和基本思路。党的十八届三中全会又把法治作为全面深化改革战略部署的重要内容和手段贯穿其中，并对推进法治中国建设提出了明确要求，强调必须坚持依法治国、依法执政、依法行政共同推进，坚持法治国家、法治政府、法治社会一体建设，通过严格执法、公正司法和全民守法实现总体目标任务，使依法治国的旗帜更加高扬、部署更加系统周密、要求更加具体明确。② 这是以习近平同志为总书记的党中央高度重视依法治国、加快法治中国建设智慧的升华，适应了我国经济社会发展进步的时代要求，充分体现了全国各族人民的共同愿望和信念，是我们党执政水平不断提高、执政方式日益成熟的重要标志。

---

① 袁曙宏：《论全面推进依法治国》，光明日报，2012 年 11 月 22 日，第 2 版。
② 《〈中共中央关于全面深化改革若干重大问题的决定〉辅导读本》，人民出版社，2013 年版，第 31 - 32 页。

（一）具有完备的社会主义法律体系

实现依法治国，首先要有反映社会发展规律和时代精神，代表人民意志和利益，科学、严谨、完备的法律体系，能够有法可依。这法律体系应当至少由以下几类法律构成：

1. 规定国家根本制度、公民基本权利义务、国家机关设置的宪法性法；

2. 规定国家行政机关的组织、职权、行为、行使职权的程序、行政机关遴选方式的行政法；

3. 国家从整体利益出发对经济生活进行必要干预、对经济秩序予以维护和对市场进行宏观调控的经济法；

4. 对行政机关侵犯公民、法人的权利进行救济的行政诉讼法和国家赔偿法；

5. 规定市场经济活动的主体制度、物权、债权、知识产权、人身权制度、行为规则制度和公司、票据、保险、海商等制度的民商法；

6. 解决民事、商事纠纷的民事诉讼法；

7. 规定犯罪和刑罚的刑法；

8. 公正地进行刑事诉讼，有效地惩治犯罪和保护无辜者的刑事诉讼法；

9. 规定保护劳动者权益、提供社会保障、对社会弱者予以救济的社会保障法。①

（二）具有健全的民主制度和监督机制

社会主义国家依法治国的根本目的，在于充分保障公民的民主权利。国家权力的配置，包括中央与地方、领导者个人和领导集体、

---

① 汪建成：《公正法治的核心》，法学评论，1999 年第 1 期，第 38－43 页。

执政党和国家机构、其他政党及社会组织等各方面的关系，都要体现民主原则。人民应当能够通过法定的民主程序当家作主，进行重大决策，管理国家大事。司法与执法体制和程序的各个环节，也都要贯彻民主原则，保证人民群众的广泛参与。而且，人民要有对立法机关、行政机关和司法机关依照法定程序进行监督的权利，否则就难以保证国家机构和工作人员完全按照人民的意愿和利益办事，也就很难实现人民当家作主、参政、议政的权利。①

（三）具有严格的行政执法制度和公正的司法制度

在实现法治的国家，行政权是法律赋予的，行政机关的行政行为必须在法律规定的范围内按法定程序实施，严格依法行政；行政权力不得滥用，必须接受法律的制约；滥用行政权力造成的损害，必须能够经过法定程序予以救济。② 同时，还应建立对行政违法责任人的追究制度。公正的司法制度是对受到侵害的人民权利给予补救的关键一环，也是维护社会公正、保障法律得以正确实施的最后一关。健全公正的司法制度必须做到：司法机关依法独立行使审判权和检察权；有公正的审判制度，保证案件的审理以事实为依据、以法律为准绳，法律面前人人平等；建立严明的冤案、错案追究制度；同时，司法机关的工作条件必须得到充分的保障。

（四）具有高素质的执法队伍

所谓高素质是指：具有较高的政治觉悟和良好的道德品质，要有忠于人民、忠于法律、忠于事实的精神；具有较高的业务素质，要精通法律并能正确地运用法律解决实际问题；具有崇高的职业道

---

① 宋秉斌、谈红等：《试论依法治国，建设社会主义法治国家的实现条件》，江西农业大学学报（社会科学版），2003 年 12 月第 2 卷第 4 期，第 61－62 页。
② 白秀兰：《浅析公众参与理论及其制度构建》，前沿，2007 年第 7 期，195－197 页。

德和敬业精神。我国要实现依法治国，必须建立一支数量足、素质高的执法队伍，包括公务员队伍、行政执法队伍、法官队伍、检察官队伍，同时也要建立从事高质量法律服务的律师、公证员队伍。只有这样，我们的法律才会全面贯彻于社会生活，得到切实的实施。

（五）提高全民的法律意识

所谓法律意识，是指依法办事、依法行政、依法律己、依法行使权利和履行义务的意识。有了法律意识，纸上的法律才能变成实际生活中能够被贯彻和执行的活的法律，成为干部和民众的内在自我要求，严格执法、守法光荣的道德标准和价值观念才能树立起来。① 这是我国实现依法治国的源动力。

二、依法治国面临的主要问题

在新形势下全面落实依法治国基本方略，是全面深化改革的重要内容和助推器，是我国治理体系和治理能力现代化的必然要求，也是不断开创中国特色社会主义各项事业发展新局面、加快实现中国梦的有力保障。改革开放以来、特别是党的十五大以来，我国的依法治国取得了很大成绩，为经济社会的持续健康快速发展提供了有力支撑和保障，但依法治国能力和水平与中国特色社会主义宏伟事业的要求相比仍存在一定差距，还有不少亟待解决的问题。

（一）法律体系不够完善

尽管中国特色社会主义法律体系已经形成，但仍需随着客观需求的变化而不断完善。一方面，伴随着社会主义市场经济体制的建立和经济社会改革出现的新情况新问题，一些法律法规需要进一步

---

① 黄裕民：《坚持依法治校和以德治校相结合》，郴州师范高等专科学校学报，2001 年第 4 期，第 24 - 27 页。

完善。由于法律总是滞后于现实生活的变化,因此,法律的稳定性与社会生活的变化总是存在矛盾。我国虽然已经建立起中国特色社会主义法律体系,但是立法需要根据经济社会的发展以及司法实践的检验逐步予以完善,保持其"良法"属性。[①] 另一方面,一些领域社会矛盾较为突出,或者发展需求较为强烈,需要利用法律手段来平衡各方利益。在提供发展方向、指引和制度保障方面,仍须通过立法解决无法可依或者法律规范效力层级较低的问题。例如,旅游行业的突出矛盾和问题催生了旅游法的诞生,而期货市场对外开放和创新发展的需求正在推动期货法的制订。正如习近平在十八届中央政治局第四次集体学习时强调的那样,要完善立法规划,突出立法重点,坚持立改废并举,提高立法科学化、民主化水平,提高法律的针对性、及时性、系统性。要完善立法工作机制和程序,扩大公众有序参与,充分听取各方面意见,使法律准确反映经济社会发展要求,更好协调利益关系,发挥立法的引领和推动作用,加快建设中国特色社会主义法治体系。[②]

目前,仍有一些法律法规质量不高,逻辑结构不严密,条文规定过于笼统抽象或过于原则,缺乏配套措施,在执行中缺乏可行性。有的法律法规过时但没有及时清理,有的受行政权力支配,带有明显行政部门利益色彩;或者由于对立法活动协调和监督不够,造成法律法规条文之间相互交叉,甚至相互矛盾、相互抵触。还有一些急需的法律,尤其是发展社会主义市场经济所必需的基本法律尚未

---

① 张文显:《法理学》,高等教育出版社、北京大学出版社,2001 年版,第 326 页。

② 习近平:《在十八届中共中央政治局第四次集体学习时的讲话》,2013 年 2 月 23 日。

制定齐备。①

（二）司法不严、有法不依、违法不究现象仍很严重

我国经济社会发展进入新阶段，国内外环境更为复杂，挑战增多。部分地区和领域侵犯人民群众合法权益的案件仍有发生；一些领域存在腐败现象，以权谋私、失职渎职等职务犯罪行为仍然存在；执法不公、行政不作为和乱作为等问题比较突出。这些现象一方面严重损害了党和国家的形象，损害了国家法律的尊严和权威性，损害了国家和人民的利益，削弱了广大人民群众对法律的信任；另一方面，也会对人们法治意识、法治思维和法治观念的增强和养成造成很大影响，甚至也会对一些地区和领域的经济发展、治安秩序和社会稳定产生不良后果。

在国家和社会活动各方面基本实现有法可依的背景下，依法治国应更加注重法的实施，这首先需要通过公正司法推动法治中国总体目标的实现。但是，一些司法部门由于缺乏应有的法律素质和能力，或价值观颠倒、丧失法治思维，或力量（人员、经费等）不足等，司法不严格、不规范、不公正、不文明、不作为、滥作为的问题仍然存在，导致司法执行不力、公信力严重下降，严重损害了司法尊严和权威。

（三）法治意识淡薄，社会尚未形成真正自觉守法用法的氛围

长期以来，我国的法治教育略显落后，没有完全形成学校、家庭和社会的密切配合，一些工作机制还不够规范化。因此，全面落实依法治国基本方略的任务相当繁重，比以往任何时候都更需要社会组织、全体人民在推进依法治国进程中共同参与、共同建设、共

---

① 徐柯：《全面落实依法治国基本方略探析》，广东行政学院学报，第26卷第3期，第47-50页。

同享有。尤其是在信息化时代，网络上一些不健康、甚至违法犯罪的信息、影像从不同层面对青年学生的思想和法治意识产生了负面影响。由于受封建思想影响等原因，一些群众重关系、畏权力、轻法律的思想没有彻底根除，在一定程度上还存在着不重视学习法律知识、法律知识匮乏、法治思维不强的问题。由于一些执法者和司法者没有遵循和执行法律，使得一些群众只好寻求非法治的规则和手段。由于法律法规宣传教育不够，导致一些群众法制观念淡薄，与学法、懂法、知法、用法的要求差距很大，甚至仅仅依靠道德风俗习惯约束，遇事信访不信法。尤其是一些领导干部，法治观念比较淡薄，依法解决各种事务纠纷的能力和水平不高，以言代法的现象依然存在，不能起到良好的示范作用，不利于形成法治信仰，不利于营造良好的法治环境。

（四）执法权力缺乏必要的法律法规约束

当前，我国处于改革开放的深水期、社会转型的关键期，各种利益冲突频繁、社会矛盾凸显。可以说，现在比以往任何时候都更需要各级党政机关发挥法治在国家治理中的引导、示范和带动作用。但是，一些党政机关特别是领导干部不善于运用法治思维和法治方式管理经济社会事务，习惯于运用行政命令和经济手段办事，依法处理政务的能力与民众日益增长的法治需求之间存在相当大的距离，甚至有一些领导干部不懂法律、不学法律，知法犯法、以权压法，撇开法律另搞一套，严重影响了党和政府权威、破坏了法治环境。①

（五）缺乏依法治国的顶层设计和具体规划

对于当下中国来说，能否全面落实依法治国基本方略更重要的

---

① 李适时：《全面推进依法治国的几点思考》，中国人大，2013 年第 12 期，第 36－40 页。

是我们党、政府和社会能不能真正在法制的轨道上运转的问题。尽管依法治国基本方略已经提出，但目前只停留在一般原则、方向、思路和手段方法等方面。中央和地方尚未建立健全全面落实依法治国基本方略的组织领导体制，尚未制定切实可行的依法治国发展战略、实施规则和工作制度，也没有构建宪法和法律至上的社会机制。对依法治国、依法执政、依法行政等问题，缺乏全面系统的落实政策措施。①

---

① 徐珂：《全面落实依法治国基本方略探析》，广东行政学院学报，第 26 卷第 3 期，第 47－50 页。

第二章

中国共产党推进中国特色社会主义依法治国建设的历史过程

回顾我们党发展的光辉历程，为实现中华民族的伟大复兴，建设一个富强、民主、文明、和谐的社会主义现代化强国，中国共产党对建设社会主义法治国家进行了长期不懈的探索。中国共产党在马克思主义法学理论的指导下，联系中国具体国情，形成了各个时期各个阶段符合国情的法治观。在理论上，创造性地提出了中国特色社会主义法治理论，丰富和发展了马克思主义法学理论；在实践上，探索出中国特色社会主义法治国家建设道路，法治建设取得了巨大成就。始终坚持以中国特色社会主义法治理论为指导，坚持在党的领导与依法治国的有机统一下坚持法治的普遍原则与中国具体国情创造性结合的建设路径，是这条道路显著的中国特色。他们之间是相互继承与发展的关系，是中国特色社会主义法治建设的飞跃和创新。①

---

① 朱祥全：《中国共产党探索中国特色社会主义法治国家建设的理论与实践》，四川师范大学学报（社会科学版），第38卷第4期，第5–11页。

第一节 邓小平的社会主义民主法治思想建设

作为中国改革开放的总设计师，也是中国法治建设的总设计师，邓小平关于社会主义法治的论述，体现于社会主义建设事业的各个方面，有着完整的理论体系和丰富的内涵。

一、邓小平关于社会主义法治思想的提出

邓小平的法治思想是在继承马列主义、毛泽东思想的基础上，在长期的革命和社会主义建设的实践过程中形成的。

在抗日战争中，邓小平就曾提出过遵守法令、依法办事的思想。为了团结和壮大抗日力量，我党在根据地实行了"三三制"，但是由于我国长期缺乏民主的习惯，一些人把"党的领导"解释为"党权高于一切"，甚至发展为"党员高于一切"。对此，邓小平坚决反对，倡导要处理好党与民主政权的关系，要实现好党对它的监督和指导，使我党的主张能得到更好地传播。他指出抗日民主政权的领导原则要通过法制路径来明确。

解放战争期间，邓小平同志也多次强调实行法制对解放区保持稳定的作用。

中华人民共和国成立后，面对巩固政权的新任务、新形势，邓小平依然强调法制对政权建设的重要性，并着重强调新形势下的责任制度、企业民主管理等问题。由于当时特定环境的影响，这一时期邓小平未能从整个国家制度建设的高度来阐释法律的功能。"文革"时期我国民主、法制、监督体制遭到严重破坏，对此感受至深的邓小平深刻认识到法制对维护民主、稳定经济政治秩序的重要性。

通过对"文革"的反思，对"什么是社会主义，怎样建设社会主义"这个问题的深入思考，邓小平认识到加强民主和法制建设的关键性。邓小平从民主与法制的关系入手，第一次明确提出要加强民主必须健全法制，进而又在宏观上提出"有法可依、有法必依、执法必严、违法必究"的十六字方针，到这里他的"依法治国思想"已经大致形成系统。

1978 年邓小平在提出加强社会主义民主法制建设思想时指出："为了保障人民民主，必须加强法制。必须使民主制度化、法律化，使这种制度和法律不因领导人的改变而改变，不因领导人的看法和注意力的改变而改变。"[①] 这就表明了法律要上升到高于领导人意志的权威地位。在法制建设逐步完善的情况下，邓小平进一步明确提出要实行法治，反对人治。1988 年 9 月，邓小平在会见外宾时说："我有一个观点，如果一个党，一个国家把希望寄托在一两个人的威望之上，并不很健康。那样，只要这个人一有变动，就会出现不稳定……我认为过分夸大个人作用是不对的。"[②] 1989 年 6 月 16 日，邓小平在与几位中央负责同志谈话时指出："一个国家的命运建立在一两个人的声望上面，是很不健康的，是很危险的。不出事没问题，一出事就不可收拾。"[③] 三个月后，邓小平在会见李政道教授时又说："我历来不主张夸大一个人的作用，这样是危险的，难以为继的。把一个国家、一个党的稳定建立在一两个人的威望上，是靠不住的，很容易出问题。"[④]

在十一届三中全会上，大会一致认为：为了确保人民民主，就

---

① 《邓小平文选》第 2 卷，人民出版社，1994 年版，第 189 页。
② 《邓小平文选》第 3 卷，人民出版社，1993 年版，第 272 页。
③ 《邓小平文选》第 3 卷，人民出版社，1993 年版，第 311 页。
④ 《邓小平文选》第 3 卷，人民出版社，1993 年版，第 325 页。

必须加强社会主义法制，使民主制度化、法律化，使制度和法律具有稳定性、连续性和极大的权威性。这也是中国共产党对法律的地位和作用认识的一次飞跃。十一届三中全会后，邓小平始终强调把发展民主、健全法制作为党的路线方针政策来抓，强调要坚定不移地加以贯彻执行。

在邓小平看来，社会主义法治要求法律的权威高于任何个人的权威，坚决排斥法律之外的任何特权，通过法律的保障来促进民主的发展，切不可再回到过去那种"往往把领导人说的话当作'法'。不赞成领导人说的话就叫做'违法'，领导人的话改变了，'法'也就跟着改变"① 的状况中去。他将法律与制度问题摆在了绝对权威的地位，并且首次提出了"有法可依，有法必依，执法必严，违法必究"② 的社会主义法治原则。

随着经济的飞速发展，经济对法律的依赖性也越来越高。1982年，我国首次在宪法中规定了国家的根本制度，并明确了宪法的崇高地位。1986年，邓小平提出"一手抓建设，一手抓法制"的著名论断。他首次明确地将法制建设和经济建设联系起来，并阐释两者的关系，他认为，要搞好经济建设，安定团结的环境是必需的，要搞好一个安定团结的环境需要完备的法制，法制完备以后才能更好地促进整个社会有序的前进。

1987年以后，邓小平的法治思想得到不断地深化和发展。邓小平把民主法制思想同中国现代化建设紧密地结合在一起，指出我国法制建设和国际法律、惯例的关系，并不断强调法制对反腐倡廉的作用，指出"廉政建设要作为大事来抓。还是要靠法制，搞法制靠

---

① 《邓小平文选》第2卷，人民出版社，1994年版，第146页。
② 《邓小平文选》第2卷，人民出版社，1994年版，第147页。

得住些"。①

二、邓小平社会主义法治思想体系的构建

1992 年在党的十四大上，会议明确提出要以建立社会主义市场经济体制为社会主义经济改革的目标，阐释了加强社会主义法制的重要性，这标志着邓小平法治理论成为一个比较完整的科学体系。

邓小平有关社会主义法治的思想，有一条发展主线，即从法制到法治。以邓小平为核心的第二代领导集体，重点强调法制建设，这构成了邓小平理论中法治思想的第一阶段，也是法治的基础阶段。从"文革"结束到南方谈话，他总是不失时机地反复讲法制的重要性，为第三代领导集体推进依法治国，建设法治社会奠定了坚实的基础，也丰富和完善了邓小平理论中由法制到法治的科学思想。

邓小平法制建设思想中最具代表性和前瞻性的有以下几个方面：

（一）关于社会主义民主和法制思想

邓小平多次阐述了发展社会主义民主和健全社会主义法制的重要意义。"社会主义民主和社会主义法制是不可分的。"② 一方面，社会主义民主是社会主义法制的前提和基础；另一方面，社会主义法制是社会主义民主的体现和保障，他强调民主和法制都应当加强。没有广泛的民主不行，没有健全的法制也不行。因此，他形象地将民主和法制比喻成人的两只手，任何一只手削弱都不行。

1. 没有民主就没有社会主义

中国共产党自建立之日起，就把争取民主作为自己坚持不懈的奋斗目标。新中国成立后，中国历史翻开了新篇章，从《共同纲领》

---

① 《邓小平文选》第 3 卷，人民出版社，1993 年版，第 379 页。
② 《邓小平文选》第 2 卷，人民出版社，1994 年版，第 359 页。

到 1954 年宪法，都体现了人民民主的原则，中国人民进入了当家作主的时代。事物的发展是总是充满了曲折，由于受主客观因素的影响，我国的民主政治进程也经历了艰难的过程。邓小平从当代中国的时代特征和实际出发，紧密联系马克思主义理论，在深刻总结历史经验、教训的基础上，对社会主义与民主的关系进行了科学的概括，重新恢复了民主在社会主义发展史上的地位。1979 年，邓小平在《坚持四项基本原则》中指出"没有民主就没有社会主义"[①]，这一论断指出民主和社会主义的不可分性，阐明了民主与社会主义在本质上的联系。邓小平将民主不仅仅当作一种治国的手段，更作为一种政治目标来追求。党的十二大明确指出"建设高度的社会主义民主是我们的根本目标和根本任务之一"；党的十四大也明确指出"我们的政治体制改革，目标是建设有中国特色的社会主义民主政治"；党的十五大更是鲜明地指出"发展社会主义民主政治，是我们党始终不渝的奋斗目标"。

2. 必须使民主制度化、法律化

通过邓小平同志的实践，我们可以看到实现人民民主的根本途径只有一条，那就是"民主的制度化、法律化"。在 1978 年中央工作会议上，邓小平指出："为了保障人民民主，必须加强法制。必须使民主制度化、法律化，使这种制度和法律不因领导人的改变而改变，不因领导人的看法和注意力的改变而改变。"[②] 党的十一届三中全会公报中进一步提出："为了保障人民民主，必须加强社会主义法制，使民主制度化、法律化，使这种制度和法律具有稳定性、连续性和极大的权威。"其后，党的十五大报告中郑重指出："依法治

---

① 《邓小平文选》第 2 卷，人民出版社，1994 年版，第 168 页。
② 《邓小平文选》第 2 卷，人民出版社，1994 年版，第 146 页。

国"就是要"保证国家各项工作都依法进行，逐步实现社会主义民主的制度化、法律化，使这种制度和法律不因领导人的改变而改变，不因领导人看法和注意力的改变而改变。"这使"民主制度化、法律化"作为治理国家的基本方略确立下来。民主要做到制度化、法律化，就要求我们不断完善各项民主制度，使民主在国家的政治、经济、文化、社会等各个方面得到实践，所以说，这是一项艰巨的系统工程，等待着我们去完善。

3. 发扬社会主义民主，健全社会主义法制

发扬社会主义民主，就要继续坚持无产阶级专政，坚持人民代表大会制度，实行政治协商制度，保证人民当家作主权利的充分行使和有效实现，保证好国家权力的集中统一，让民主延伸到国家、社会生活的方方面面。在这里，邓小平彻底摒弃了法的"工具论"思想，并且将法制建设提升到一个新的高度。民主和法制，"这好像是两只手，任何一只手削弱都不行"①，"中国的民主是社会主义民主，是同社会主义法制相辅相成的"。② 社会主义民主和法制是辩证统一的关系。首先，前者是后者产生、存在的政治前提、基础，并且决定了后者的性质和内容；其次，后者对前者的权利范围、实现程序和方法进行了明确，是对前者的体现和保障，同时对破坏行为规定了相关惩罚措施，为捍卫前者提供了有力保障。

（二）关于社会主义法制建设的基本要求

1978 年 12 月 13 日，邓小平在中共中央工作会议闭幕会上的讲话中提出"有法可依，有法必依，执法必严，违法必究"，既明确了我国社会主义法制的基本内容，也为我国法制建设提出了基本要求。

---

① 《邓小平文选》第 2 卷，人民出版社，1994 年版，第 189 页。
② 《邓小平文选》第 3 卷，人民出版社，1993 年版，第 249 页。

在 1956 年召开的党的八大上，董必武就曾提到将"有法可依、有法必依"作为加强社会主义法制建设的基本原则，但由于当时主客观因素限制，这个提议未得到党中央的重视。历经二十多年的磨难后，在 1978 年召开的十一届三中全会上，邓小平一方面恢复和发展了董必武的法制思想；另一方面，他还提出了著名的十六字方针来完善我国的法治思想。这一思想得到了大家的重视和认可，并很快成为十一届三中全会公报和十三大报告等的重要内容之一。到 1997 年，党的十五大报告中郑重指出："坚持有法可依、有法必依、执法必严、违法必究，是党和国家事业顺利发展的必然要求。"从此，这十六字方针最终纳入到了新时期党领导人民实行"依法治国"的方略中去。

有法可依是在立法工作方面的基本要求。要制订出较为完备的法律体系，从而使社会生活的方方面面能在法律体系下良好地运转，这是依法治国的前提和基础。我国社会主义法制建设的重要教训就是法律不完备、法制不健全。所以邓小平就直接提出，我们对刑法、民法、诉讼法等各个必要的法律应该加大力度制订，一定要制订出符合本国国情的基本法律、法规，为我国法治打下坚实的基础。他认为立法也可在立足于本国国情的基础上，大胆吸收和借鉴人类社会创造的一切文明成果，不断完善我国的法律体系。

有法必依是对守法的基本要求。所有的国家机关、社会团体和全体公民都应置于法律体系之下。做到严格遵守宪法和法律，最重要的是要做到依法办事。这一环节是健全社会主义法制的中心环节。马克思主义法学理论主张，无产阶级在夺取政权后，首先应该制订完备的法律体系，并应该严格遵守自己所制定的法律。"文革"的惨痛教训让邓小平认识到在中国这样一个缺乏执法和守法传统的国家，必须重视在全体人民中树立法制观念，要求"全党同志和全体干部都要按照宪法、法律、法令办事，学会使用法律武器"。① 不能把某些领导人的话当成法，要处理好"依言"和"依法"的关系，绝不允许出现以言代法、以言压法的现象。另外，要想做到有法必依，一定要处理好人民群众民主权利的行使与遵纪守法这两者之间的关系。

执法必严是对我国行政执法工作环节的基本要求。执法机关和执法人员在执法过程中，一定要依法办事，严格地按照法律程序办事，坚决维护法律的权威和尊严。这一环节是社会主义法制建设的关键和决定性环节。"徒法不足以自行"，要求执法主体和守法主体都应该主动按照制定的法律法规办事，而对于法律执行机关更要主动把自己的工作置于现存法律体系之下。"法令行则国治，法令弛则国乱"，② 执法者要时时注意自己的执法过程和结果，以便通过自己的具体行为来维护法律的权威和尊严。执法活动要做到正确、合法、及时，要以事实为依据，以法律为准绳，严格依法办事。从严执法要求一切党派、社会团体组织、全体干部以法律为准绳。要改变过去党政界限模糊的现象，要避免出现"党大于法"的现象。在我国，由于长期以来行政机关官僚主义严重，机关之间的职责权限不清，执法责任制不能很好落实，许多法律得不到执行，出现了滥用职权、非法执法的现象，这都与执法监督的力度和深度不够有关。在邓小平执法监督思想的指导下，1997 年党的十五大明确指出："一切政府机关都必须依法行政，切实保障公民权利，实行执法责任制和评议考核制。"执法责任制和评议考核制的建立将执法监督工作纳入到法制化的轨道中。

---

① 中共中央文献研究室编：《邓小平同志论民主与法制》，法律出版社，1990 年版，第 45 页。

② 东汉王符：《潜夫论·述赦》。

　　违法必究是对司法机关的基本要求。司法机关对一切违法犯罪行为都要追究责任，真正做到法律面前人人平等。首先，要坚持法律面前人人平等的原则，与各种特权现象坚决做斗争。要建立群众监督制度，通过专门的机构来约束特权现象。其次，要不断加强政治理论和法制理论学习，努力提高司法人员的政治素质和业务素质，加强司法队伍建设。最后，要不断推动司法改革，强化司法监督，健全纠错机制。

　　这四个基本要求是有机联系的统一整体，是健全社会主义法制所必不可少的因素，任何地方失之偏颇，都会影响到我国社会主义法制建设事业。

　　（三）关于正确处理党与法制的关系

　　党的领导是我们各项事业成功的保障，党的领导应体现在政治和思想上，按照总揽全局、协调各方的原则进行。党领导人民制定宪法和法律，也领导人民遵守和执行法律。因此，党不能凌驾和超越宪法、法律。邓小平指出："党要管党内纪律问题，法律范围的问题应该由国家和政府去管。党干预太多，不利于在全体人民中树立法制观念。"① 并要求："全党和全体干部都要按照宪法、法律、法令办事。""不管谁犯了法，都要由公安机关依法侦查，司法机关依法办理，任何人都不许干扰法律的实施，任何人都不能逍遥法外。"② 邓小平关于党与法制的论述，为我们在新时期处理好党和政府、党与司法的关系指明了方向。

　　邓小平曾说过，正确理解和处理好党的领导和法制的关系是搞好民主法制建设的关键。邓小平说过，"党必须在宪法和法律的范围

---

　　① 《邓小平文选》第 3 卷，人民出版社，1993 年版，第 163 页。
　　② 《邓小平文选》第 2 卷，人民出版社，1994 年版，第 359 页。

内活动"，"坚持四项基本原则的核心，就是坚持党的领导。问题是党要善于领导；要不断改善领导，才能加强领导"，① 这充分显现了邓小平坚持和改善党的领导的思想。邓小平要求全党同志和干部都要带头遵守宪法和法律，要依法办事，面对改革中的难题，今后要大力发展社会主义民主、健全社会主义法制。邓小平的法制思想，党的十二大将其写进党章，从而使其成为一项重要的党的活动原则。1982 年的宪法明确规定："一切国家机关和武装力量、各政党和各社会团体、各企业事业组织都必须遵守宪法和法律。"这是我国宪法制定史上第一次将执政党的活动在根本大法中明确规定出来。

党必须以宪法和法律为准绳，将自己的活动限定在相关范围内；中国共产党作为执政党，应当严格按照法律规章制度办事，不断扩大党内民主，贯彻民主集中制，用法律和规章来规范党内民主生活；党的主张上升为国家意志要经过法定的民主程序，从而体现出人民的意志。②

三、邓小平社会主义法治思想的历史意义

（一）是中国特色社会主义法治思想的开端

党的十一届三中全会以来，以邓小平同志为核心的党的第二代中央领导集体总结了新中国成立以来正反两方面的经验教训，研究国内国际两方面的形势，在改革开放的伟大实践中，找到了一条适合我国国情的建设道路，指引我国改革开放和社会主义现代化建设事业不断前行。他的巨大政治魄力和开拓精神，对于中国特色社会主义法治思想的创立奠定了坚实的基础。

---

① 《邓小平文选》第 2 卷，人民出版社，1994 年版，第 342 页。
② 赵祥杰：《邓小平的法治思想及实践探析》，漳州师范学院硕士学位论文，2012 年 6 月，第 17－21 页。

邓小平的民主法治思想，是马克思主义法治思想中国化的重要成果，是对我国社会主义民主法制建设历史经验进行科学总结的成果，也是对我国社会主义民主法制建设的国际环境和时代特征进行科学分析的成果。因此，邓小平民主法治思想是中国特色社会主义法治思想的开端。

（二）是依法治国、建设社会主义法治国家的理论基础

邓小平民主法治思想中包含了一系列丰富的法治内容，涵盖了立法、司法、执法、普法和法制监督等各个方面，这些内容同我国民主法制建设的实践相连，与国家和民族的命运紧密相连。尤其重要的是，他不是把发展民主和法制作为一种应急措施和权宜之计，而是作为党和国家的基本方针、基本国策予以重视和强调，科学确立了法制建设在整个现代化建设总体布局中的地位和作用，使党和人民对社会主义民主和法制的认识产生了前所未有的历史飞跃。在党的十五大报告中，江泽民同志将"依法治国，建设社会主义法治国家"作为党领导人民治理国家的基本方略第一次提出来。可以说，邓小平民主法治思想为其奠定了坚实的理论基础。

（三）有利于党的领导方式和执政方式的根本转变

中国共产党的先进性和广泛代表性决定其作为执政党，主要任务就是带领和支持全国各族人民行使国家权力，积极行使自己的民主权利和监督权利。新中国建立后，为适应经济和社会建设的需要，我国也出台了一些法律制度，这些法律、法规对我国社会主义建设也起到了不小的作用。但是在涉及国家和社会生活的基本问题上，我们还没有将法律制度的有效作用发挥最大化。在政治领导方面，我们往往过多地强调政策、路线，而没有把它上升到宪法和法律的层面；在领导方式上，受计划经济体制的影响，权力体制过度集中；在治国方式上，主要以行政手段为主；在责任制上，采取首长负责

制。历史的教训告诉我们，这样的领导方式和执政方式不利于我国的长期发展，不利于党的执政地位的巩固。邓小平深刻地剖析过去并总结了历史经验，他认为，一定要不断地加强和健全法制，唯有法制加强了，才能更好地改善党的领导。其中包括党的领导制度、党的组织状况，过去那种以言代政、以党代政的情况，还有权力过分集中的领导体制。这是一个自上而下的改革。邓小平强调，共产党作为执政党就必须抓好民主法制建设，执政党领导人民进行社会主义建设要依靠法律，包括在政治、经济、文化、社会管理等方面，也包括物质文明建设和精神文明建设方面。在邓小平法治思想的指导下，党的十五大将"依法治国，建设社会主义法治国家"列为明确的政治目标。在九届人大二次会议上，它又被写进了宪法。这表明党的领导方式和执政方式和以前已有根本不同，从过去依靠政策领导到现在的依法领导、依法治国。中国共产党党章规定"党必须在宪法和法律的范围内活动"，是对社会主义国家制宪史的伟大贡献，它解决了社会主义国家坚持党的领导和法制建设的关系，是对马克思理论的重大发展和贡献。

（四）为以德治国与依法治国相结合提供了有力保证

邓小平十分重视德治和法治的有机结合。人们良好的道德行为是建立在良好的道德素质之上的，是自律能力的外在表现。道德素质和自我约束的能力受道德教育的熏陶影响，但教育自身并没有强制性，只有说服、劝解的作用。当这种作用受到局限无法奏效时，就需要用具有强制性的法律手段去约束那些不具有自我约束能力、不能自觉遵守道德规范的人改变其行为，逐渐养成良好的行为习惯。所以在加强道德教育的同时，必须依法加强对社会生活各个方面的管理，把教育与管理、自律和他律很好地统一起来。

党在领导全国人民建设有中国特色的社会主义事业的过程中，

循序渐进地提出了一系列的法治思想和方针，如"十六字方针""以法治国""依法治国""建设社会主义法治国家"等。与此同时，党中央也积极强调道德在社会主义建设中的重要作用。江泽民在党的十三届四中全会上明确要求必须把建设社会主义精神文明的任务抓紧。随后，又在1992年的党的十四大报告中指出要树立正确的价值观，并不断加强法制教育与职业道德建设。在党的十五大上，他进一步强调，要不断提高全民族的思想道德素质和努力培养"四有"公民的重要性。2000年期间，江泽民在广东调研时强调"德治和法治必须双管齐下"。之后在2001年召开的全国宣传部长会议上，他将"以德治国"的思想进行了详细的叙述和解释，提到："我们在建设有中国特色社会主义，发展社会主义市场经济的过程中，要坚持不懈地加强社会主义法制建设，依法治国，同时也要坚持不懈地加强社会主义道德建设，以德治国。"① 自此德治和法治的思想正式结合在一起。该思想是对"依法治国"重大方略的发展和充实，是以江泽民为核心的党的领导集体对邓小平法治思想的重大发展。

（五）为我国法治观念变革和人权建设提供了指导思想

由于受几千年封建思想的影响，我国的法治观念长期受到禁锢。从古代的"人治论"到新中国成立初期的"工具论"，真正意义上的法治观念一直未曾建立起来。一直延续到邓小平提出的"解放思想，实事求是"，"一切从实际出发"，"要加强民主就要加强法制"才打破自身的枷锁。人们认识到，法治不仅能实现和巩固人民民主专政，还拥有调节经济、社会、文化的功能，法治不仅能促进物质文明的发展，同时也能促使精神文明建设更快进行。社会主义经济

① 江泽民：《高举邓小平理论伟大旗帜，把建设有中国特色社会主义事业全面推向二十一世纪》，1997年9月12日。

已经不能是以行政主导为主的计划经济，而要转变为以市场为导向、靠法制来监督调节的市场经济。为了消除封建遗毒对我国现实的影响，"文化大革命"结束后，邓小平认真总结了新中国成立以来法治建设方面的经验教训，认清人治的巨大危害并坚决摒弃这种模式。为实现由人治向法治的彻底转变，邓小平特别强调要用制度和法律来解决问题。首先，是对党和国家领导制度的改革，改变过去"一把手"的意志决定一切的传统，用规范化的法律和制度来代替；其次，通过政治体制改革，理顺党和政府、政府和企业的关系，使党政分开、政企分开，逐步做到从制度上、法律上保证党和国家生活各个方面的民主化；最后，要不断地健全社会主义法制，认真努力地执行贯彻好十六字方针。这些措施为消除传统人治观念的影响，起到了不可磨灭的作用。他在 1980 年 8 月 18 日中央政治局扩大会议上发表《党和国家领导制度的改革》重要讲话时强调的"公民在法律和制度面前人人平等"等人权思想，如今不再仅限定在法学领域。以邓小平为核心的中国共产党人认为，人权最根本的是人的生存权，这在实践中也符合人的生存体验，符合中国的实际。"以人为本"的提出，也正是对世界和我国人权建设的重大贡献。人权作为国家内的人的基本权利，它也受到国际人权保护力量的监督。

（六）为建设有中国特色社会主义法律文化提供了指导原则

经济基础决定上层建筑。中国传统的自然农业经济决定了中国的法律文化是以权力为主体，以义务为本位，带有强烈人治与独裁色彩的内容。随着我国经济的不断发展和改革的深入，传统的法律文化已不能满足我国社会主义建设的实践需要，甚至有时候会严重阻碍建设的进一步发展。针对此，邓小平指出："肃清封建主义残余影响，重点是切实改革并完善党和国家的制度，从制度上保证党和国家政治生活的民主化、经济管理的民主化、整个社会生活的民主化。"① 1978 年前后，邓小平就反复地强调民主与法制，并将其作为防止发生"文化大革命"那种惨痛悲剧的根本保障和改革开放与经济建设顺利进行的必要条件。邓小平强调，中国的法治建设要以中国的实际为基础，"照抄照搬别国经验、别国模式，从来不能得到成功"。② 只有从中国的国情出发，探索中国特色社会主义民主法制建设之路，同时大胆吸收和借鉴人类社会创造的一切文明成果，才能更好地向既定目标不断迈进。在领导力量方面，邓小平认为，中国要发展民主，实行法治，必须在共产党的领导下有计划、有步骤地进行。1979 年 3 月邓小平在《坚持四项基本原则》的讲话中指出，"社会主义愈发展，民主也愈发展。这是确定无疑的。"③ 我们推进法治建设，不同于其他国家特别是资本主义国家，其中最重要的一个区别就是我们在法治建设过程中要始终不渝地坚持四项基本原则。他指出："我们国家的统一，社会的稳定，人民的团结都得靠党的领导。"④ 这是我国法治建设的一大特色。

（七）为"一国两制"的顺利实现提供了法律依据和保障

"一国两制"是邓小平同志从我国的具体实际情况出发，在尊重历史、尊重现实的基础上提出来的解决台湾问题的科学构想，已成功地解决了香港和澳门问题。这一构想充实了中国特色社会主义的建设理论，促进了国家的和平统一。1978 年以后，邓小平曾数次将"一国两制"的含义做了认真详细的阐释，并且对其如何实现及实现的具体路径都做了详细的论述，这促使这一伟大构想不断得到充实

---

① 《邓小平文选》第 2 卷，人民出版社，1994 年版，第 336 页。
② 《邓小平文选》第 3 卷，人民出版社，1993 年版，第 2 – 3 页。
③ 《邓小平文选》第 3 卷，人民出版社，1993 年版，第 196 页。
④ 《邓小平文选》第 2 卷，人民出版社，1994 年版，第 342 页。

和完善；1987 年召开的党的十三大将"一国两制"充实到建设有中国特色社会主义理论的内容中去，并把此理论置于一个新的层次。"一国两制"就是"一个国家，两种制度"的简称。在邓小平看来，"一国两制"是有其特殊内涵的，邓小平认为对"一国两制"要全面地理解，"一方面，社会主义国家里允许一些特殊地区搞资本主义，不是搞一段时间，而是搞几十年、成百年。另一方面，也要确定整个国家的主体是社会主义。"① 依照"一国两制"阐释的含义和法律的规定，特别行政区享有高度的自治权，但是这种高度的自治权是有限的，特别行政区的外交和国防仍归中央政府负责和管理。1990 年通过的《香港特别行政区基本法》和 1993 年通过的《澳门特别行政区基本法》，第一次将"一国两制"法律化，用基本法的形式将"特别行政区实行资本主义制度长期不变，私人财产等也受到了法律保护"等固定下来。② 这使"一国两制"从理论走向了实践，并为以后的具体实施提供了法律理论基础。

（八）对反腐倡廉和建设中国特色社会主义法治国家意义重大

1978 年以来，我国的民主法制建设在邓小平法治思想的引领下，取得了长足的进步和巨大成就。

首先，在法律内容方面，我国已经建立起来以宪法为核心的中国特色社会主义法律体系，让过去许多无法可依的情况得到大大改观，使我们的建设和生活各个方面都有法可循，进一步扩大了社会主义民主，使人民的主张在各个方面都能得到较好的表达。我国的法制建设在邓小平法治思想的指导下，循序渐进，取得了巨大的成就，各个部门的法律日趋健全，法律体系不断完备。为了各部门法、

---

① 《邓小平文选》第 3 卷，人民出版社，1993 年版，第 58 页。
② 郭毅玲：《"一国两制"构想的法学思考和实践价值认定》，天水师范学院学报，第 21 卷第 4 期，第 9－12 页。

中央立法和地方立法能得到更好的实施和互补，全国人大在 2000 年颁布了《立法法》，从而使我国的立法工作更加完善。

其次，在司法制度方面，邓小平同志多次要求严厉打击各种刑事犯罪，并同时搞好司法队伍建设，提高司法人员的素质。在邓小平思想的指导下，我们对一些贪污、贿赂、挪用公款等犯罪，依法严惩，大大推动了我国反腐斗争的开展。在制度监督方面，我国大大加强司法监督力度，并积极听取社会、媒体、群众的意见，及时化解人民的矛盾，积极推动司法制度改革，加强司法部门自身理论素质和业务素质的提高，坚决清除司法队伍中的害群之马，力保司法公正和社会正义。

再次，法制观念已深得广大民众认同。在邓小平法治思想的指导下，我国加大力度进行法制宣传，并兴办一批教育质量较高的法学高校，将法制教育和社会宣传充分结合起来，让更多的人懂得用法律来维护自身的利益。

最后，邓小平法治思想为我国"依法治国"方针的实施提供良好的理论基础。依法治国，建设社会主义法治国家是邓小平理论主要内容之一，是中国特色社会主义建设的重要方面，是国家稳定的保障。

第二节　江泽民建设社会主义法治思想

江泽民法治思想产生于二十世纪九十年代，此时国际上，科技发展日新月异，综合国力竞争日趋激烈，呈现世界多极化和经济全球化的发展趋势。而国内，我国改革开放取得了巨大成就，经济迅速发展，处在从计划经济向市场经济的转变时期。虽然我国经济社会发展迅速，但是出现了法治建设相对滞后的现象。面对这一时期世界局势和国内现代化建设进行了深刻思考，江泽民提出了"依法治国"、"依法治国"与"以德治国"相结合、司法体制改革、法治建设要立足国情、公民法律意识的培养等法治理念。可见，江泽民法治思想的形成既是社会主义经济建设迅速发展的结果，又是社会主义政治文明不断进步的结果。

这是在继承和发展毛泽东法治思想、邓小平法治思想的基础上，面对社会主义全面改革开放和现代化建设的新形势，在没有现实法治模式可直接搬用的情况之下，开创性提出的一系列新的法治理念。其法治思想是根据建立社会主义市场经济体制、发展社会主义民主政治和社会主义精神文明、保持社会稳定的需要。其核心就是将"依法治国，建设社会主义法治国家"提升为治理国家的基本方略。它为中国特色社会主义现代化建设健康发展提供了制度上的保障，为社会主义经济建设指明方向和提供法律保障，为社会主义政治文明建设奠定了基础，推进了社会主义法治进程，促进了社会主义事业的发展。

一、江泽民建设社会主义法治思想的提出

"依法治国"作为一个治国方略，从首次提出到党的十五大，一共提过三次，提出的过程本身就是一个思想解放和认识不断深化的过程。

1995 年下半年，中央举办第三次法制讲座筹备工作开始，司法部党组认为，应当介绍一下法律界最关注的依法治国、建设社会主义法治国家这个根本问题。部党组向党中央正式报了这个选题，同时还报了另一个选题。仅过两天，党中央就批准了部党组的报告，江泽民同志在同时报送的两个选题中，亲自圈定了《关于依法治国、

建设社会主义法制国家的理论和实践问题》。①

　　第一次正式提出"依法治国"的概念，是 1996 年 2 月 8 日，在中共中央举办的"关于依法治国，建设社会主义法制国家的理论和实践问题"的专题法制讲座上，江泽民在题为《依法治国，保障国家长治久安》的讲话中，第一次明确提出"依法治国"是"我们党和政府管理国家和社会事务的重要方针"② 并做了具体阐述。

　　第二次提出，是在同年 3 月召开的全国人大第八届四次会议所通过的《国民经济和社会发展"九五"计划和 2010 年远景目标纲要》中，明确规定了"依法治国，建设社会主义法治国家"的治国方略，并提出了具体的任务和要求。这是在国家正式的纲领性文件中第一次出现"依法治国，建设社会主义法制国家"的文字。

　　第三次就是 1997 年 9 月，党的十五大政治报告明确提到了"依法治国，建设社会主义的法制国家"③。以十五大为标志，"依法治国"方略有了一个大的飞跃，主要体现在对"依法治国"的含义进行了界定上，除了进一步将过去通常讲的"法制国家"改为"法治国家"之外，还第一次把"依法治国"和"法治"庄严载入党的纲领性文件。另外，还系统地阐述了把依法治国作为治国方略的原因和重要意义，同时也指明了今后一段时期法治建设的主要任务。

　　需要特别说明的是，法制讲座提出的"社会主义法制国家"，在十五大报告中变成了"社会主义法治国家"。这是中央在起草十五大报告时认真研究并广泛征求社会各界意见尤其是法学界专家学者意见后决策的结果。"制"和"治"看起来只是一字之差，其实是一

---

① 《中央决定召开十八届四中全会研究推进依法治国》，搜狐新闻 – 时事，2014 年 7 月 30 日。

② 《江泽民文选》第 1 卷，人民出版社，2006 年版，第 511 页。

③ 《江泽民文选》第 2 卷，人民出版社，2006 年版，第 28 页。

次重大的观念变革，表明中国不仅要加强法律制度建设，而且要从治国方式上根本抛弃"人治"传统。

1999 年 3 月，九届全国人大二次会议上，"依法治国，建设社会主义法治国家"这一治国方略，正式写入宪法修正案。从此，我国社会主义民主法制建设进入了一个新的发展时期。

2002 年 11 月，党的十六大报告把依法治国作为社会主义民主政治建设的重要内容和目标，强调："发展社会主义民主政治，最根本的是要把坚持党的领导、人民当家作主和依法治国有机统一起来。党的领导是人民当家作主和依法治国的根本保证，人民当家作主是社会主义民主政治的本质要求，依法治国是党领导人民治理国家的基本方略。"

二、江泽民建设社会主义法治思想体系的构建

江泽民法治思想是"三个代表"重要思想科学体系的重要组成部分。从总体上看，构成其理论体系的逻辑结构共有三个层次，即目标方向、基本原则和实现途径。

第一，目标方向。这是江泽民法治思想中总领全局的纲，它确定了社会主义法治建设的基本目标和基本方向。具体包括：

（1）发展社会主义民主政治的根本目标是建设社会主义的法治国家；

（2）依法治国是党领导人民治理国家的基本方略，是国家长治久安的根本保障；

（3）党必须依法执政。这既是对十五大提出的依法治国基本方略的深化，也是改革和完善党的领导方式和执政方式的方向。

第二，基本原则。这是建设社会主义法治国家必须遵循的指导方针和准则，它确定了社会主义法治的质的规定性。江泽民指出，

"依法治国，要贯彻两个基本原则：一是必须坚持党的领导和社会主义方向，二是必须保障广大人民群众充分行使民主权利。"① 十六大报告指出，"发展社会主义民主政治，最根本的是要把坚持党的领导、人民当家作主和依法治国有机结合起来。"这两个原则表明，社会主义法治必须是在中国共产党的领导下进行，必须坚持人民代表大会制度这个我国的基本政治制度，绝不是多党制和三权分立的西方资本主义法治模式。

第三，实现途径。江泽民继承邓小平关于民主和法制建设的基本思想，总结国际共运的历史经验教训，从我国的实际出发，提出了对今后有重大指导意义的一系列法治建设的具体要求和目标：

（1）加强立法工作，建立完备的社会主义法律体系；

（2）增强法制观念，严格执行宪法和法律；

（3）加强和完善社会主义的民主制度建设；

（4）改革和完善党的领导方式和执政方式；

（5）深化行政管理体制的改革，依法规范政府的职能和权限；

（6）积极推进司法体制的改革，从制度上保证审判机关和检察机关依法、独立、公正地行使审判权和检察权；

（7）改革和完善权力运行机制，加强对权力的制约和监督；

（8）坚持依法治国和以德治国相结合。

江泽民提出的以上主要八个方面法治建设要求，具体而系统地回答了在中国这个经济文化比较落后的国家，在社会转型过程中如何建设和发展社会主义法治的问题。

江泽民法治思想内涵丰富，博大精深，其核心是依法治国、建

---

① 中共中央文献研究室编：《江泽民论有中国特色社会主义》（专题摘编），中央文献出版社，2002年版，第329页。

设社会主义法治国家。他关于社会主义法治的一系列新思想、新观点、新论断都是围绕这个核心内容提出来的，主要观点有五个方面：

其一，依法治国的领导力量是中国共产党。"坚持党的领导同坚持依法治国是完全一致的。我们党的主张，我们国家的法律，都是代表和体现人民的意愿与利益的。党领导人民通过国家权力机关制定宪法和各项法律，把党的主张变为国家意志，党在宪法和法律范围内活动，各级政府依法行政，这样就把党的领导同依法治国统一起来了。依法治国，有利于从法律上制度上保证党的基本路线和基本方针的贯彻落实，保证党始终发挥总揽全局，协调各方的核心作用。"①

其二，依法治国的主体是人民群众。"依法治国，就是党领导人民治理国家，保证人民依法实行民主选举、民主决策、民主管理和民主监督，维护广大人民群众的根本利益。各级领导干部要始终摆正自己同人民群众的关系，通过推进依法治国，切实保障人民的主人翁地位和各项权益，保证人民对政府工作进行有效的监督和支持。"②

其三，依法治国的客体是国家事务、经济文化事业和社会事务。"经济的发展，社会的进步，都离不开法制的健全。经济和社会的发展，呼唤着法制的完善；反过来，法制的完善，又会进一步促进经济繁荣和社会进步。建设符合本国的完备的法制，是一个国家繁荣昌盛的重要保证。"③ "实行依法治国，建设社会主义法治国家，是

---

① 中共中央文献研究室编：《江泽民论有中国特色社会主义》（专题摘编），中央文献出版社，2002 年版，第 329 页。

② 中共中央文献研究室编：《江泽民论有中国特色社会主义》（专题摘编），中央文献出版社，2002 年版，第 329 页。

③ 中共中央文献研究室编：《江泽民论有中国特色社会主义》（专题摘编），中央文献出版社，2002 年版，第 330 页。

一项复杂的社会系统工程，在立法、执法、司法和普法教育方面都有大量的工作要做，需要付出艰苦的努力。当前，要在以下几个方面加大工作力度。一要继续加强立法工作，提高立法质量，特别是要加快建立和完善适应社会主义市场经济的法律和体系。二要保证政府机关坚持依法行政，保障公民权利，坚决制止政府机关中存在的滥用权力、违法行政的现象。三要保证司法公正，严格执法，坚决纠正有法不依、违法不究现象。"①

其四，通过完备的法律制度来规范社会生活的各个方面，以严密的法律来约束和治理国家权力的运行，是保证社会主义强国富民大业得以实现的基础和前提。

其五，"依法治国"与"以德治国"相结合。"依法治国"就是广大人民群众在党的领导下，依照宪法和法律规定，通过各种途径和形式管理国家事务，管理经济文化事业，管理社会事务，保证国家各项工作都依法进行，逐步实现社会主义民主的制度化、法律化，使这种制度和法律不因个人意志而改变。"以德治国"是以马克思列宁主义、毛泽东思想和中国特色社会主义理论为指导，积极建立适应社会主义市场经济发展的社会主义思想道德体系，并使之成为全体人民普遍认同和自觉遵守的规范。"依法治国"与"以德治国"相结合是社会进步文明的一个重要标志，是建设社会主义现代化国家的必然要求。这两个理念的提出以及对两者互相关系的阐述，是中国共产党人依照法律管理国家理论上的一个重大创举，是对人类政治文明成果的吸收和创造，它对处在社会大转型时期的国家和社会事务管理具有重要的现实意义。

---

① 中共中央文献研究室编：《江泽民论有中国特色社会主义》（专题摘编），中央文献出版社，2002 年版，第 327 页。

江泽民主张"依法治国"与"以德治国"相结合，在发展社会主义市场经济的过程中，不仅要加强社会主义法治建设，而且也要加强社会主义道德建设。"法治"和"德治"都是相互渗透、相互影响、相互补充与发展，二者是不可分割的。"依法治国"以"以德治国"为基础，"以德治国"以"依法治国"为补充，"法治"属于政治建设范畴，隶属于政治文明；"德治"属于思想建设范畴，隶属于精神文明，虽然二者的范畴不同，但它们在社会主义法治建设中发挥相互补充的作用。江泽民对二者的精辟论述，能够让我们在实践中更好地把握两者的关系，也为我们正确处理政治文明与精神文明的关系提供指导。

三、江泽民建设社会主义法治思想的历史意义

（一）江泽民法治思想体现了对社会主义现代化建设规律的科学把握

江泽民法治思想的形成、发展和完善，依法治国方略的明确提出，体现了第三代中央领导集体非凡的胆识和高超的领导艺术，反映了他们与时俱进的现代意识和时代精神。同时，政治家只有凭借一定的历史舞台，才能演出一幕幕的话剧。这个历史舞台就是客观条件，包括现存的经济、政治、社会等方面的条件，社会历史发展的必然趋势，人民群众的意愿，历史机遇等等。离开了一定的历史条件，特别是人民群众的支持，就很难有成功的治国方略。正是从这个意义上说，江泽民法治思想的形成、依法治国方略的提出，表明了党中央领导集体对社会主义现代化建设客观规律的深刻认识和把握，它是社会主义现代化建设规律在治国方面的必然要求。历史经验一再表明，搞革命和建设，必须遵循客观规律，与此相同，治理国家必须遵循客观规律。正确的治国方略必然是符合客观规律，

或反映客观规律。中国特色的社会主义现代化建设客观规律最根本的一条要求就是要保持经济、政治、文化的协调发展，巩固共产党的领导地位。我国当前在党的领导下，进行社会主义市场经济建设、社会主义民主政治建设和中国特色社会主义文化建设，就是这条规律的集中体现。要保证三者健康发展，协调进行，体现在治国方式上的共同要求就是坚定不移地实施依法治国方略。①

1. 依法治国是发展社会主义市场经济的客观要求

江泽民在1996年就这样阐述过："世界经济的实践证明，一个比较成熟的市场经济，必然要求并具有比较完备的法制。市场经营活动的运行，市场秩序的维系，国家对经济活动的宏观调控和管理，以及生产、交换、分配、消费等各个环节，都需要法律的引导和规范。在国际经济交往中，也需要按国际惯例和国与国之间约定的规则办事，这些都是市场的内在要求。我们要实现经济体制和经济增长方式的根本性转变，也必须按照市场的一般规则和我们的国情，健全和完善各种法制，全面建立起社会主义市场经济和集约型经济所必需的法律体系。"② 他在十五大报告中又明确指出：依法治国，"是发展社会主义市场经济的客观需要"。③ 江泽民非常强调经济和社会发展与法制健全的关系，他从全党全国工作的大局出发，指出："经济的发展，社会的进步，都离不开法制的健全。经济和社会的发展，呼唤着法制的完善；反过来法制的完善，又会进一步保证经济

---

① 谢士成：《第三代领导集体与依法治国方略》，湖南师范大学硕士学位论文，2002年4月。

② 江泽民：《实行和坚持依法治国，保障国家的长治久安》，人民日报，1996年2月9日。

③ 江泽民：《高举邓小平理论伟大旗帜，把建设有中国特色社会主义事业全面推向二十一世纪》，人民日报，1997年9月22日。

繁荣和社会进步。"① 依法治国有利于建设社会主义市场经济，促进生产力的发展。社会主义的主要任务就是解放和发展生产力。市场经济从一定意义上来说就是法治经济，它在客观上要求法律的引导、规范、制约、保障和服务，只有建立起完备的市场经济法律体系，社会主义市场经济才能健康有序地运行；经济活动中可能出现的种种弊端如非法投机、坑蒙拐骗、假冒伪劣甚至权钱交易等腐败现象，才能够有效地预防和消除；在国际经济交往中，中国才能更好地与国际接轨，依照国际经贸和民商事领域的惯例和通行规则办事。可以说，坚持江泽民法治思想，实行依法治国，有利于社会主义市场经济的健康发展和社会生产力的持续、协调、稳定增长。

江泽民法治思想、依法治国的治国方略是发展社会主义市场经济的客观要求主要体现在：

（1）市场主体需要法律确认。所谓市场主体，是指在市场中进行交易活动的个人以及各类组织。不同的时代，存在着各种各样从事经济活动的组织，由于各个时期的历史条件不同，法律对这些组织的规定也是不一样的。进入商品经济时期后，随着社会分工的发展和商品的多样化，从事商业活动的经济组织逐步发展起来。个人、个人合伙、合伙企业、有限责任公司、股份有限公司、一人公司、国有企业、集体企业、个体工商户、农村承包经营户、私营企业等经济组织呈现出多样化的趋势。在我国实行计划经济的时期，在当时的国内国际背景下，国家对经济实行严格的控制，经济组织是政府的附属机构。但是当国情发生变化后，这种经济体制就很难适应经济的发展，因为行政权力对经济及经济组织的过多干预已经成为

---

① 江泽民：《在第十四届亚太法协大会开幕式上的讲话》，人民日报，1995 年 8 月17 日。

经济发展的障碍。在这种情况下，党和国家经济体制改革，要建立市场经济体制，扩大国有企业和集体企业的经营自主权，允许个人、个体工商户、农村承包经营户以及私营企业作为市场主体。随着改革的深入，国家制定越来越多的法律，用来规范各类经济组织，对它们的市场主体地位予以确认。健全的法制可以保证实行真正独立的企业制度。改革开放以来，我国独立的企业制度虽然得到一定程度的发育，但与建立完善的市场经济体制的要求相比，还有相当大的差距。企业的自主性没有得到充分的体现，容易受到各种来自企业外部或明或暗的干预和制约，企业决策自主权有待进一步落实，同时对产权的侵害事件时有发生，保护产权的法律环境有待完善，尊重产权的社会意识也有待形成。[1]

（2）市场行为需要法律调整，自由竞争的市场行为需要法律加以规范。依法成立的市场主体要摆脱行政干涉，但市场主体不能毫无顾忌地任意妄为，必须以市场经济的法律对其行为加以规制。市场行为的一个特点就是交换。交换是双方或多方之间对各自需要的商品和服务的互换。这种互换行为，在法律上主要应当由市场主体通过合同来完成。现代市场经济运行过程中的各种交换活动，几乎都是通过合同来实现。没有契约这种法律形式，也就无所谓市场经济。市场行为的交换性，要求通过合同形式来完成，而合同及其签订和履行等行为，必须由法律来调整，也需要由法律来确认和保障。

（3）市场秩序需要法律维护。市场秩序是市场主体的交易活动、在交易活动中形成的关系和市场行为所表现出的有条不紊、有序不乱的状态。法律对市场秩序的维护，主要体现为：一是法律对市场

---

[1]　杨爱玲、皮海峰：《论江泽民的社会主义法治思想》，三峡大学学报（人文社会科学版），第26卷第2期，第60－62页。

经济的运行起引导作用。国家通过法律的规范，引导市场主体在遵循市场经济体制自身要求的同时，也遵循一套普遍适用的统一规则，避免各主体的任意行为，将不同主体之间的利益冲突抑制在一定范围内，防止某种经济领域发展失控或出现危机，使市场经济健康发展。二是法律对市场经济运行起促进作用。国家通过法律的规范，反映市场经济规律，为市场经济的发展创造条件，促进市场经济发展；通过法律的规范确认政府职能的转变，促使它更好地为市场经济服务。三是法律对市场经济的运行起保障作用。国家通过法律的规范，确认和维护市场经济主体的正当权益，为市场经济运行提供利益保障；确立和维护必要的市场原则，确认市场经济主体平等地享有法定权利和法定义务，公平地处理各种经济纠纷，为市场经济运行提供平等保障。四是法律对市场经济运行起必要的制约作用。国家通过法律的规范，在引导、促进和保障市场经济的同时，也制约市场经济中自发性、盲目性等无序化倾向和片面强调物质利益等消极因素，限制拜金主义和利己主义，使市场经济健康发展。健全的法制可以保证有效的市场竞争。法律、法规和政府有关政策必须平等对待不同的市场主体，在市场准入、生产要素获取、享受法律保护和政策支持等方面，为各类企业创造平等竞争的市场环境，使竞争在同一水平上进行。同时，法律、法规等还可以迫使市场主体必须严格遵守规则，严格制止欺诈、造假、低价倾销和价格卡特尔等不正当竞争行为。

（4）市场经济条件下的收入分配和社会保障制度需要法律规定。收入分配和社会保障是任何一个社会必须解决的基本经济和社会问题，同时也是市场经济的重要内容。合理的收入分配制度，对于促进生产和社会全面发展是非常重要的。我国现行宪法规定的按劳分配为主体，多种分配方式并存的分配制度，极大地促进了生产力的发展，满足了社会多样化发展的需要。我国现行的社会保障制度使公民在年老、患病、失业、遭遇灾害或丧失劳动能力的情况下，能够获得一定的物质帮助，以保障公民基本生活的需要。①

2. 依法治国是建设社会主义政治文明的重要内容

江泽民于 1996 年指出："依法治国是社会进步、社会文明的一个重要标志，是我们建设社会主义现代化国家的必然要求。"② 在十五大上他又再次强调依法治国"是社会文明进步的重要标志"。③ 在九届人大一次会议上，"依法治国，建设社会主义法治国家"作为治国方略写进了宪法，依法治国就是要用宪法和法律规范国家机关及其工作人员，强化对权力的约束和监督，防止和制止滥用权力，以确保人民的民主权利和国家的长治久安。江泽民同志指出："加强社会主义法制建设，依法治国，是邓小平同志建设有中国特色社会主义理论的重要组成部分。"④

发展社会主义民主政治，建设社会主义政治文明是建设小康社会的重要目标，而民主政治与法治是紧密相关、相互依存的。依法治国有利于社会主义民主政治建设。社会主义民主政治是实现社会主义法治的坚实基础，而社会主义法治则是实现社会主义民主政治的根本保障。早在二十世纪七十年代末，邓小平同志就在党的十一届三中全会上提出，为了保障人民民主，必须加强社会主义法制，必须使民主制度化，法律化。从治国方略的高度来讲，就是依法治国，建设社会主义法治国家。实践证明，只有依法治国，人民才能

---

① 朱力宇：《依法治国论》，中国人民大学出版社，2004 年版，第 42 – 48 页。
② 江泽民：《实行和坚持依法治国，保障国家的长治久安》，人民日报，1996 年 2 月 9 日。
③ 江泽民：《高举邓小平理论伟大旗帜，把建设有中国特色社会主义事业全面推向二十一世纪》，人民日报，1997 年 9 月 22 日。
④ 《江泽民文选》第 1 卷，人民出版社，2006 年版，第 511 页。

依照法定程序把自己真正信任的人选进国家机关担任领导职务，才能依照法定程序撤换不称职的公务人员，才能通过人民代表大会制度和政治协商制度参政、议政，管理国家的社会、经济、政治、文化等事务，才能通过法定程序保证国家对重大问题的决定符合自己的根本利益，才能使自己的正当权利和自由得到切实保障。江泽民在《用邓小平同志建设有中国特色社会主义理论武装全党》一文中，重申了邓小平的"没有民主就没有社会主义"的思想，同时指出："没有法制也没有社会主义。"① 由此可见，建设社会主义民主政治必然要求加强社会主义法治，社会主义民主政治是实行社会主义法治必不可少的前提和基础，而社会主义法治则是社会主义民主政治发展必不可少的保障。只有将人民的民主权利以及国家在政治、经济、文化、社会等方面的民主生活、民主结构、民主形式、民主程序，用系统的法律制度固定下来、明确下来，使之具有制度上、法律上的完备形态，保障国家政治生活的民主性和人民的民主权利不受破坏和侵害，才能实现社会主义民主的制度化、法律化，才能有利于实现建设社会主义政治文明的重要目标。② 因此，推进社会主义民主政治建设，必须依法治国，必须坚决贯彻江泽民法治思想。

3. 依法治国是社会主义精神文明取得进步的重要标志之一

法制作为上层建筑的重要组成部分，是人类社会进入文明阶段才产生和存在的社会现象。改革开放以来，社会主义法制建设得到前所未有的重视，极大地促进和保证了我国社会主义现代化建设事业的迅速发展。江泽民法治思想的形成是社会主义现代化建设不断发展的结果，也是我国社会主义精神文明取得重大进步的重要标志

① 江泽民：《论党的建设》，中央文献出版社，2001年版，第113页。
② 黄丹：《"依法治国"与科教兴国的相互支撑——略论江泽民的治国方略》，军队政工理论研究，第2卷第1期，第14－17页。

之一，其实施将极大地促进社会主义事业的发展。我们要建设的中国特色的社会主义，是经济政治文化全面发展的社会主义，也是物质文明、政治文明、精神文明和生态文明共同进步的社会主义。不仅社会主义物质文明、政治文明、生态文明建设需要法治，社会主义精神文明建设也需要法治。崇高思想道德的树立，先进科学技术的发展，全民教育的振兴，文学艺术的繁荣，文化市场的治理，都需要政府依照法律给予支持和保护。而法律和制度的建设，公民学法、守法程度如何，又取决于人们的思想道德和文化素质。① 因此，必须把精神文明建设、思想道德教育深入法律法治之中。把法制建设与精神文明建设两手抓紧密地结合在一起。在这个意义上，江泽民法治思想既是社会主义精神文明取得重大进步的重要标志，又是现阶段继续建设社会主义精神文明的必要保证。②

4. 依法治国是实现国家长治久安的可靠保证

依法治国是国家长治久安的重要保障。毛泽东同志曾经说过，国家的统一，人民的团结，国内各民族的团结，是我们的事业必定胜利的基本保证。我们正在进行改革开放和社会主义现代化建设，必然要求有一个稳定的社会环境。否则，社会主义现代化建设就不可能顺利进行，就不能实现我们的奋斗目标。邓小平就曾告诫说："中国的问题，压倒一切的是稳定。没有稳定的环境，什么都搞不成，已经取得的成果也会失掉。"③ 江泽民坚持邓小平法治思想，他在 1996 年曾指出，依法治国，对于"保障国家的长治久安，具有十

---

① 张丹荣、朱忠良：《关于依法治国几个问题的思考》，山西师范大学学报（社会科学版），第 26 卷第 2 期，第 23 – 26 页。
② 卞修全：《江泽民法律思想论析》，天中学刊，2006 年第 3 期。
③ 《邓小平文选》第 3 卷，人民出版社，1993 年版，第 284 页。

分重要的意义"。① 他在十五大上又明确指出："在社会主义初级阶段，正确处理改革、发展同稳定的关系，保持稳定的政治环境和社会秩序具有极端重要的意义。没有稳定，什么事也干不成。""依法治国是国家长治久安的重要保障。"②

改革开放以来，我国政治稳定，经济持续快速健康发展，人民群众安居乐业。但是，我们也必须清醒地看到，随着改革的深入和社会主义市场经济体制的逐步确立，也必然会面临一些新的矛盾和问题，甚至出现一些不安定的因素，这就需要运用法律手段及时化解人民内部矛盾，规范人民群众的行为，保证社会生活的有序运行。同时，对于那些严重扰乱社会治安和破坏安定团结的各种违法犯罪活动，必须依靠法律的武器，予以严厉打击，以保证改革开放和社会主义现代化建设的顺利进行，保障社会的稳定和国家的长治久安。维护社会稳定，实现国家长治久安，是深化改革和促进经济发展的基本保障，是我国人民的最高利益。历史经验表明，法令行则国治国兴，法令弛则国乱国衰。保持稳定，最根本、最靠得住的措施是实行法治。中国要实现长治久安，首先要保障政治秩序的稳定。这就需要将国家的政治生活和各级党政机关的活动纳入法治的轨道，使法律真正成为一切国家机关和公职人员行使职权的标准和尺度，保障国家政治生活的有序运转，特别是保障党和国家的重大决策严格依照法律规定的程序进行。另外，要保持社会治安的稳定，更需要完善各方面的法律制度，实行依法治理，依法严惩各种犯罪活动，用法律的权威来保障社会治安的基本稳定。

---

① 江泽民：《实行和坚持依法治国，保障国家的长治久安》，人民日报，1996 年 2月 9 日。
② 江泽民：《高举邓小平理论伟大旗帜，把建设有中国特色社会主义事业全面推向二十一世纪》，人民日报，1997 年 9 月 22 日。

（二）江泽民法治思想标志着我国治国方略和党的执政方式的进步

历史和实践证明，法治是迄今为止人类社会探索出来的治理国家的最合理模式。我们党在法治理论和实践上经过了长期不懈的探索。以毛泽东为核心的党的第一代领导集体缔造了新中国，从理论和实践上对法制建设进行了多方位的探索，创立了人民民主专政理论。1954 年制定了新中国第一部宪法，确立了适合中国国情的人民代表大会制度，规定了国家基本制度和一系列法制建设指导原则，奠定了新中国法制建设的基础。党的十一届三中全会上总结了"文化大革命"中法制被严重破坏的惨痛教训，提出"发展社会主义民主，健全社会主义法制"的战略方针。邓小平同志在十一届三中全会上提出"有法可依，有法必依，执法必严，违法必究"的社会主义法治原则，并提出"两手抓"思想，即一手抓经济建设，一手抓法制建设，把经济建设和法制建设放到同等重要的位置上抓，充分体现法制建设对中国经济发展的重要性。随着改革开放和社会主义民主政治建设的推进，从 1994 年起，法学家定期走进中南海，给中央领导同志讲授法制课，这充分体现了党中央高度重视法制建设。1997 年党的十五大确立了"依法治国，建设社会主义法治国家"的基本方略，标志着我们党彻底抛弃封建"人治"思想羁绊，坚定不移地选择了社会主义法治国家道路，从而完成了我们党执政治国理念的一次深刻重大转变。1982 年宪法明确规定："任何组织、个人都不得有超越宪法和法律的特权。"党的十六大将"党必须在宪法和法律范围内活动"写入党章。九届人大一次会议通过的宪法修正案，将"依法治国，建设社会主义法治国家"写入了宪法，成为我国宪法原则。党的十六届四中全会又进一步明确提出我们党要依法执政，把依法治国理念又向前推进一步，表明了我们党对法治理念的认识进一步走向成熟和深化。

江泽民法治思想的形成、发展和完善与实施依法治国、建设社会主义法治国家的治国方略，是我们党在新形势下执政方式的发展和进步，是在新形势下巩固和实现共产党领导地位的重要保证。江泽民提出"依法治国"的基本方略，标志着我国治国方略和党的执政方式的根本性的转变。依法治国的治国方略强调了党的领导权威与法律权威的统一，党的政策与国家法律的统一，这是我党执政方式的战略性转变，体现了我党领导方式的重大改进和日趋完善。党通过领导人民依照法定程序制定法律，把党和人民的主张变为国家的意志和全社会的准则；党的各级组织和广大党员，尤其是党员领导干部，都要带头自觉遵守和维护宪法与法律的权威；各级党组织要通过法定程序，向各级权力机关、行政机关、司法机关推荐具有法制素养的合格干部，保证其依法行政、严格执法、公正司法；党要严格监督各级党员领导干部遵纪守法、廉洁奉公等，保证依法治国方针的实施。①

（三）在实践中开辟了一条法治发展道路和模式，为发展中国家提供了经验

江泽民的法治思想既注重吸收西方法治思想中先进、优秀的成分，又没有照搬西方的法治模式，而是结合我国的具体国情吸取中国传统文化的积极因素，注重保持具有东方文化、中国民族特点的优秀文化传统，同时又体现了建设社会主义市场经济和中国特色社会主义现代化的时代要求，是一种新的法治发展道路和模式，进一步丰富和发展了马克思主义法学。这种新的发展道路和发展模式在

---

① 欧健：《江泽民法治思想探析》，郑州航空工业管理学院学报（社会科学版），
2005 年第 2 期。

某种意义上可能对世界上其他国家，尤其是发展中国家提供可资借鉴的宝贵经验。①

第三节 胡锦涛对依法治国理论的进一步深化

十八大报告中关于法治，除了和法治直接相关的段落外，法治精神贯穿通篇。报告中勾勒出十年之后法治的新愿景：依法治国基本方略全面落实，法治政府基本建成，司法公信力不断提高，人权得到切实尊重和保障。胡锦涛提出了"推进依法行政，弘扬社会主义法治精神"、"树立社会主义法治理念"、"扩大公民有序参与政治"、民主法治、尊重和保障人权等法治观。其中社会主义法治理念是我国一切立法活动的思想先导，是确保我国行政机关及其公职人员执法水平，实现法律效果和社会效果的有机统一的思想基础，是确保我国司法改革保持正确方向，实现司法公正的思想保障。

一、胡锦涛深化依法治国理论的发展历程

胡锦涛在继承毛泽东、邓小平、江泽民法治思想的基础上，结合改革开放程度加深、市场经济快速发展但问题不断、民主制度进一步完善但基层民主迫切需要发展的现实国情下，在社会主义法治建设实践过程中进一步深化了依法治国理论，其发展历程可分为初期、中期和进一步发展三个阶段。

---

① 周兴惠：《试论江泽民对法治思想的创造性发展》，河南司法警官职业学院学报，2004 年第 1 期。

（一）胡锦涛推进依法治国理论发展的初期

从党的十六大至十六届三中全会，这一阶段以胡锦涛为核心的党中央在坚持了江泽民提出的依法治国基本方略的同时，提出要加强基础民主法治建设，保障人民群众合法利益。标志为以下几个方面：

一是胡锦涛在宪法施行 20 周年大会上强调必须坚持依法治国的基本方略。

二是胡锦涛在 2003 年全国政协新年茶话会上强调着力解决群众切身利益的民生问题和加强社会主义民主法治建设，提高执政水平。

三是胡锦涛在中央农村工作会议上强调要加强基层组织建设和民主法治建设，保障农民合法权益。

四是胡锦涛在全国非典防治工作会议上强调必须依靠群众，坚持依法执政，依法行政，制定和运用有关法律，使法律成为战胜疫病的保障。

五是胡锦涛在与全国工会新一届领导班子成员和中国工会十四大部分代表座谈时强调的支持工会依照法律和自己的章程创造性地开展工作。支持运用法律手段维护职工的合法权利。

（二）胡锦涛深化依法治国理论的中期

从十六届三中全会至党的十七大，胡锦涛对依法治国理论进行了系统的总结和多方面的展开，并使之成为我党我国在法治建设道路上的指导思想。其主要标志是以人为本法治观和科学发展观的确立，并弘扬法治精神，进一步加强社会主义政治民主建设。其主要标志有以下六点：

一是中共十六届三中全会通过的《中共中央关于完善社会主义市场经济体制若干问题的决定》和《中共中央关于修改宪法部分内容的建议》首次提出了科学发展观，即坚持以人为本，树立全面、协调、可持续的发展观，促进经济社会和人的全面发展。

二是十届全国人大将"国家尊重和保障人权"载入宪法。这是我国社会主义民主和法治建设达到一个新水平标志，也体现了胡锦涛的人本法治观。

三是党的十六届四中全会做出的《中共中央关于加强党的执政能力建设的决定》提出了新的历史条件下党的执政基本方式是依法执政。

四是胡锦涛《在省部级主要领导干部提高构建社会主义和谐社会能力专题研讨班上的讲话》中将民主法治放在和谐社会六大基本特征之首，标志着胡锦涛科学发展观的确立。

五是胡锦涛在学习《江泽民文选》报告会上提出党的领导、人民当家作主和依法治国的有机统一。

六是胡锦涛在十七大报告中指出，人民民主是社会主义生命线，扩大社会主义民主，要更好保障人民权益和社会公平正义。依法治国基本方略深入落实，全社会法治观念进一步增强，法治政府建设取得新成效。基础民主制度更加完善，政府提供基本公共服务能力显著增强。

（三）胡锦涛对依法治国理论的进一步深化发展

党的十七大之后，以胡锦涛为核心的党中央着力解决民生问题，注重把立法和监督结合起来，在推动改进工作的同时注重制定和完善法律，在加强立法的同时注重强化执法检查和工作监督。提出党内民主论，进一步完善和发展了中国特色社会主义法治思想。具体表现在以下几个方面：

一是关注食品安全。2009 年，十一届全国人大常委会第七次会议通过了食品安全法并以主席令予以公布，说明中央高度重视关系到人民群众身体健康和生命安全的食品安全问题。

二是高度重视党内民主建设。2009 年，中共十七届四中全会召开，指出必须保障党员民主权利为根本，以加强党内基层民主建设为基础，切实推进党内民主，充分发挥各级党组织和广大党员的积极性、主动性、创造性，坚决维护党中央的集中统一。民主和法治相辅相成，党对民主高度重视说明了对依法治国战略实施的高度重视。

三是高度重视教育公平。胡锦涛在全国教育工作会议上强调，要用公平的教育制度规则来促进教育公平，要依法治教和依法治校，落实好高校招生"阳光工程"，治理教育乱收费，落实好民办和公办的平等法律地位。

四是提出三个统一。中国共产党第十七届五中全会提出了党的领导、人民当家作主、依法治国的统一关系，指明了要加强社会主义民主法治建设。

二、胡锦涛深化依法治国理论的举措

党的十六大以来，胡锦涛在进一步推进依法治国，建设社会主义法治国家的实践过程中，以新的理论观点和工作经验丰富和深化了依法治国理论。

胡锦涛从我国社会主义现代化建设事业全局出发，在深入总结中国法治建设经验教训和吸收借鉴中外优秀法治文明成果基础上，按照科学发展和构建社会主义和谐社会的要求，结合中国经济社会发展的实际，继承和发展了江泽民法治思想，提出了一系列丰富的法治思想，精辟论述了依法治国各要素之间的关系。他提出依法治国包括三个要素，即完备的法律制度，全社会具备一定水平的法律意识和法制观念，依法执政、依法行政、依法办事、公正司法。这三个要素在依法治国基本方略中居于重要的地位。他指出："依法治

国，前提是有法可依，基础是提高全社会的法律意识和法制观念，关键是依法执政、依法行政、依法办事、公正司法。"① 胡锦涛对依法治国各要素之间关系的论述，标志着党对实施依法治国方略有了更为明确和全面的认识。

胡锦涛关于"全面落实依法治国基本方略""坚持以人为本""构建社会主义和谐社会"等思想为社会主义法治理念提供了理论依据。

第一，胡锦涛坚持全面落实依法治国基本方略，丰富和发展了社会主义法治理念的核心内容。胡锦涛进一步把依法治国方略的落实和依法执政、依法行政、法治政府等相结合，不断丰富和发展依法治国的思想内涵。2002 年 12 月，胡锦涛在纪念宪法公布施行 20 周年纪念大会上强调："发展社会主义民主，最根本的是要把坚持党的领导、人民当家作主和依法治国有机统一起来。"2004 年 9 月，《中共中央关于加强党的执政能力建设的决定》第一次完整地提出了科学执政、民主执政、依法执政的命题。《决定》还认为"依法执政是新的历史条件下党执政的一个基本方式"，要求"提高依法执政水平"。2006 年 6 月，胡锦涛主持了以"坚持科学执政、民主执政、依法执政"为主题的中央政治局第三十二次集体学习，并强调"只有坚持科学执政、民主执政、依法执政，中国共产党才能更加有效地完成人民和时代赋予中国共产党的庄严使命"。② 2003 年 8 月，在《国务院关于全面推进依法行政的决定》的基础上，《中华人民共和

---

① 胡锦涛：《在纪念全国人大成立 50 周年大会上的讲话》，人民日报，2004 年 9 月 16 日。

② 《胡锦涛在中共中央政治局第三十二次集体学习时 强调坚持科学执政、民主执政、依法执政 扎实加强执政能力建设和先进性建设》，人民日报，2006 年 7 月 4 日。

国行政许可法》获十届全国人大常委会第四次会议通过。2004 年 3 月，《全面推进依法行政实施纲要》提出了推进依法行政的指导思想、基本原则和主要任务，第一次明确了基本实现建设法治政府的目标，并提出了合法行政、合理行政、程序正当、高效便民、诚实守信、权责统一的基本要求。

第二，胡锦涛提出了"以人为本""社会主义和谐社会"理念，使社会主义法治理念的价值和目标更为清晰。2003 年 10 月，胡锦涛在中共十六届三中全会上阐述科学发展观，即"坚持以人为本，树立全面、协调、可持续的发展观，促进经济社会和人的全面发展"时，明确提出了坚持以人为本的理念。2004 年的宪法修正案将"国家尊重和保障人权""公民的合法的私有财产不受侵犯""国家建立健全同经济发展水平相适宜的社会保障制度"等写入宪法，充分体现了胡锦涛以人为本，保护公民权利，重视民生的思想。2005 年 2 月，胡锦涛在省部级主要领导干部提高构建社会主义和谐社会能力专题研讨班上提出了构建社会主义和谐社会的要求——"民主法治、公平正义、诚信友爱、充满活力、安定有序、人与自然和谐相处的社会"。2005 年 9 月，他在会见世界法律大会代表时针对法治问题指出："法治是人类文明进步的重要标志。法治是以和平理性的方式解决社会矛盾的最佳途径。人与人的和睦相处，人与自然的和谐相处，国家与国家的和平相处，都需要法治加以规范和维护。"这些充分体现了胡锦涛的和谐法治思想，体现了社会主义法治理念的执法为民、公平正义思想。

第三，胡锦涛明确提出要贯彻社会主义法治理念，2005 年底胡锦涛在对中央政法委一份报告所做的修改上，把报告中的"现代法治理念"改为"社会主义法治理念"，并做出要开展"社会主义法治理念教育"的指示。2006 年 2 月，在中央政法委报送《社会主义法治理念教育读本》大纲时，胡锦涛做出"开展社会主义法治理念教育是加强政法队伍思想政治建设的一项重大举措"的重要指示。据此，在中央政法委的部署下，全国政法机关开展了社会主义法治理念教育活动。① 2006 年 4 月，罗干在中央政法委举办的社会主义法治理念研讨班的讲话中指出："社会主义法治理念可以概括为依法治国、执法为民、公平正义、服务大局、党的领导五个方面的内容。其中，依法治国是社会主义法治的核心内容，执法为民是社会主义法治的本质要求，公平正义是社会主义法治的价值追求，服务大局是社会主义法治的重要使命，党的领导是社会主义法治的根本保证。这五个方面相辅相成，体现了党的领导、人民当家作主和依法治国的有机统一。"② 2007 年 12 月，胡锦涛在接见出席全国政法工作会议代表和大法官、大检察官时，首次提出"三个至上"的重要观点，即"党的事业至上，人民利益至上、宪法法律至上"。"三个至上"是对"党的领导、人民当家作主和依法治国有机统一"的提升，概括了社会主义法治理念的精神实质，也是社会主义法治的根本原则。

三、胡锦涛对依法治国理论进一步深化的重要意义

党的十六大以后，党中央带领全国各族人民，不断开展法治体制创新，推动我国的法治建设，形成具有中国特色社会主义的法治思想。这些法治思想具有重要意义，主要体现在以下几方面：

（一）它是科学发展观在民主法治建设领域的重要体现

党的十六届三中全会首次提出科学发展观，其内涵即"坚持以人为本，树立全面、协调、可持续的发展观，促进经济社会和人的

---

① 《建国六十年重大法治事件（1949—2009）》，法学杂志，2009 年第 7 期。
② 罗干：《深入开展社会主义法治理念教育切实加强政法队伍思想政治建设》，求是杂志，2006 年第 12 期。

全面发展"①，"坚持五个统筹，即统筹城乡发展、统筹区域发展、统筹经济社会发展、统筹人与自然和谐发展、统筹国内发展和对外开放的要求"。②

那么，科学发展观与民主法治建设的关系如何来理解？

科学发展观是实现民主法治建设可持续发展的理论基础，民主法治建设可以为科学发展观的实现提供制度保障。因此，我国的民主法治建设要始终坚持科学发展观的基本理念，深入贯彻落实以人为本思想，人是其发展的主要内容，把促进人的全面发展作为终极目标思想来指导法治建设实践，制订出能反应人民群众意愿和体现人民群众根本利益的好法。同时，把党的领导、人民当家作主与依法治国方略进行有机统一，坚持立法为民，保证司法公正，严格执法规范，进行全民普法，方可达到国家的长治久安，在科学发展观指导下的法治建设思想正是可持续发展观在民主政治建设领域的重要体现。

党的十六大以来历经十多年的发展，实践证明科学发展观是符合我国国情、实践需求、顺应时代发展的科学理论。党的十八大第一次明确把科学发展观称为中国特色社会主义理论体系的最新发展成果，也是指导党和国家全部工作的强大理论武器，科学发展观作为指导思想地位的确立，实现了党在指导思想上的与时俱进。

因此，在当代中国坚持以科学发展观为指导，抓住和利用我国发展的重要战略机遇，才能推进中国特色社会主义伟大事业取得更大成就，实现中华民族的伟大复兴。

---

① 《〈中共中央关于完善社会主义市场经济体制若干问题的决定〉辅导读本》，人民出版社，2003 年版。
② 《〈中共中央关于完善社会主义市场经济体制若干问题的决定〉辅导读本》，人民出版社，2003 年版。

（二）它是马克思主义法学理论中国化成果的一部分

十六大以后，胡锦涛和党的领导集体坚持马克思主义法学理论，以科学发展观为指导，提出了一系列法治思想，这是马克思主义理论中国化，尤其是法学理论中国化的一部分，主要体现在以下几方面：

第一，体现了法治观念的更新。更新观念是制度变革的先导。党的十六大报告作为法治观念更新的典范，确立并弘扬了一系列先进的理念，在法治观念方面，在论述经济、政治、文化等建设问题时反复强调依法办事，加强法规与制度建设，凸显法治精神；在民主观念方面，从三个领域、三种意义论述民主问题，体现强烈的民主观念；在人权观念方面，提出尊重和保障人权；在权力制约观念方面，提出加强对权力的制约；在程序观念方面，重视程序在民主法治建设中的重要性。党的十七大报告提出的"科学发展观"思想与"法"的理念息息相关，报告指出深入开展法制宣传教育，弘扬法治精神，法治精神实质内容就是法律意识、法制观念、法律素质和法律信仰的复合体。党的十八大报告关于法治观念最鲜明的提法是全面推进依法治国，要求领导干部在工作中积极运用法治思维和法治方式。

第二，提出改革完善法律运行机制和法律制度。法律运行机制改革是法律改革的重要组成部分，影响法律运行各环节与全过程。党的十六大报告有关法律运行机制改革的主要内容有：改革和完善党的领导方式和执政方式，完善人民代表大会制度，深化行政管理体制改革，推进司法体制改革。党的十七大报告指出要坚持科学立法、民主立法，依法治国的基础和前提是有法可依，提出立法是司法、执法的依据，是完善社会主义法律体系的首要环节，同时还指出要加强宪法和法律的实施，确保权力在阳光下运行，不断推进司法体制改革等。十八大报告从法治运行的各个环节提出关于法治建设的基本要求，立法层面的内容主要是努力加强重点领域立法；执法层面是稳步推进依法行政；司法层面的内容要求是深化司法体制改革等。

法律制度改革作为法律改革的主体内容，完善既有的合理制度，创建先进的制度，制定适合社会主义市场经济发展和社会全面进步的中国特色的社会主义法律体系。诸如，清理行政审批制度，改革涉及的法律法规，废止劳动教养制度，健全国家司法救助制度，完善法律援助制度，完善知识产权保护法律制度，以及改革与完善财税法律制度等。

总之，党在科学发展观背景下形成的法治新思想，符合国情，体现了马克思主义法学理论中国化的民族特性与时代特征，是被实践证明了的中国化的马克思主义法治思想的一部分。

（三）它体现了中国特色社会主义法治思想的发展

中国共产党的法治思想是一个不断发展创新、与时俱进的过程，邓小平、江泽民、胡锦涛等领导人在不断创新和发展中国特色社会主义理论体系，十六大以后中国共产党以科学发展观为指导形成的一系列法治思想，是在前几代领导人创新的依法治国的理论基础上，又进行大量理论创新，与我国国情的实际情况相结合，不断创新和发展的结果，主要有宪法至上、建设法治政府、提高全民法治意识、坚持社会主义法治理念、以人为本的立法思想等，这些法治思想都符合我国法治发展实际情况，反映着时代发展和人民群众对法治思想的新需求，具有强烈的民族特色和实践特征，是新时期引领党依法治国继续前进的强大理论武器，对我国社会主义法治建设具有举足轻重的价值。

新的法治思想和法治目标在不断丰富着社会主义法治理念，要求社会主义法治理念必须落实于实践。其相关法治实践如：温家宝在 2003 年 3 月的国务院第一次全体会议上郑重宣布，本届政府在履行职责时严格遵守并执行《宪法》和《国务院组织法》，同时提出新一届政府工作的三项基本准则之一是依法行政；"依法执政是新的历史条件下党执政的一个基本方式"在党的十六届四中全会决定中第一次明确提出；建设法治政府的目标是温家宝在 2004 年 3 月十届人大二次会议政府工作报告中指出的；还有最高人民法院提出的"公正、廉洁、为民"司法核心价值观等。①

中国特色社会主义法治实践的发展与推进，使得法治思想进一步发展创新。党的十六大以来，中国共产党开始牢固树立社会主义法治理念，不断结合国情，积极完善中国特色社会主义法律体系，表现在不断加强立法建设、进行司法体制创新、大力增强党依法执政能力，提出了依法行政、依法执政、建设法治政府等新的法治思想和观点，公民法律意识不断提高。

党的十七大报告指出我国高举中国特色社会主义伟大旗帜，最根本的就是要坚持中国特色社会主义道路和中国特色社会主义理论体系。在新的法治时期，我们要继续推进改革开放，坚持以人为本的科学发展观，坚持依法治国，努力完善我国社会主义法治建设，形成中国特色社会主义法治道路。

党的十八大报告是历次党代会关于法治问题阐述得最多、最新、最深入、最实用的一次报告，在对于法治建设方面的理论创新主要有：

首次把科学发展观确定为执政党法治建设的指导思想；首次提

---

① 《关于进一步加强人民法院文化建设的意见》（法发〔2010〕31 号），2010 年 8 月 5 日。

出法治是治国理政的基本方式；首次提出全面建成小康社会的法治目标；首次提出运用法治思维和法治方式改革发展的理论；首次提出关于社会管理体制创新中法治保障的理论，以及创建优良法治环境的理论；首次提出法治中国的理论；首次提出共同推进一体建设的法治建设思路；首次提出法治是社会主义核心价值观的思想等。党的十八大提出法治思维、法治方式、法治保障、法治价值、法治环境、法治中国等一系列重要法治思想，体现了我党在法治理论和治国理论上日臻成熟。①

党的十七大、十八大报告推进并发展了中国特色社会主义理论体系，极大地深化了社会主义法治理论，为我国社会主义法治建设提供了坚实的理论指导。在科学发展观指导下的法治思想，丰富了我党的法治理论，体现了中国特色社会主义法治思想的发展。

（四）它体现了社会主义法治国家建设的方向

党的十六大提出建设社会主义法治国家的基本方略，在实现这一目标的过程中，我们面临一系列新矛盾、新问题，胡锦涛同志提出依宪治国、依宪执政等法治思想，说明我国社会主义法治理念正在形成，法治精神在大力弘扬，以人为本的科学发展观和构建社会主义和谐社会等重要战略思想在努力实践。因此，十六大以来形成的社会主义法治理念不仅丰富和发展着中国化的马克思主义，也体现了中国特色社会主义法治国家建设的方向。

"依法治国是党领导人民进行治理国家的基本方略"在党的十五大报告中形成，党的十六大报告首次提出"坚持党的领导、人民当家作主和依法治国有机统一"，十七大、十八大报告对其认识不断深

---

① 杨宗科：《中共十八大以来法治理论的十个创新》，民主，2014 年第一期，9 –
11 页。

化、升华。

依法治国是我国建设社会主义法治国家的基本方略。十六大报告中提到要发展社会主义民主政治，把党的领导、人民当家作主和依法治国三者有机统一，其中党的领导是基本保障，人民当家作主是内在要求，依法治国是基本方略。党的十六届四中全会提出科学执政、民主执政和依法执政的任务与要求，党的执政能力建设由此高度提高，党的执政理念有了新发展。

党的十七大报告提到全面落实依法治国基本方略，加快建设社会主义法治国家，从坚持和发展中国特色社会主义的战略和全局高度提出法治思想，因此，也是我们党和政府管理国家和社会事务的重要方针。胡锦涛在 2006 年 6 月中共中央政治局第三十二次集体学习时强调依法执政，以法治的理念和法治的体制来保证党领导人民有效进行国家建设。

党的十八大报告提出全面推进依法治国，这是依法治国从宏观到微观的变化，同时，从社会主义法治内容方面提出科学立法、严格执法、公正司法、全民守法的新十六字方针，表明我国社会主义法治建设进入了新的发展阶段。报告中还强调"要加快社会主义法治国家的建设，发展社会主义政治文明"①，同时，2013 年 3 月，习近平同志在十二届全国人大一次会议闭幕会上表示，我们要坚持党的领导、人民当家作主、依法治国有机统一，推进依法治国，坚持和完善人民代表大会制度的基本政治制度等。

我国能否建成中国特色的社会主义法治国家，取决于党的领导、人民当家作主和依法治国三者之间的关系，其中，党与后两者的关系是关键，否定与摒弃党的领导，也就根本不存在建成社会主义法

---

① 《中国共产党第十八次全国代表大会文件汇编》，人民出版社，2012 年版。

治国家。总的来说，党的领导、人民当家作主和依法治国三者共同存在于建设有中国特色社会主义的实践中，三者互相依赖，互相促进，互为条件，互相制约。人民当家作主和依法治国需要党的领导，依法治国是党领导人民治理国家的基本方略，体现着人民当家作主，同时人民当家作主和依法治国对党的领导提出更高更优的要求，赋予了党领导科学的内涵。因此，坚持三者的有机统一，是发展社会主义民主政治的明显优势，是发展社会主义社会的本质要求，是执政党先进性的体现。

当前，推进中国特色社会主义法治建设和发展社会主义政治文明的一个重大课题就是：什么是社会主义法治国家，如何建设社会主义法治国家。十六大以来中国共产党的法治思想为解决这些新问题提供了理论指导，体现了社会主义法治国家建设的方向。

第四节　习近平开启中国法治新时代

习近平同志在十二届全国人大一次会议上表示"忠实履行宪法赋予的职责，忠于祖国，忠于人民，为民服务，为国尽力，自觉接受人民的监督，绝不辜负各位代表和全国各族人民的信任和重托"，[①] 明确强调了宪法的重要性，提出了始终坚持依宪治国和依宪执政的基本原则。我们要全面落实党的精神，严格执法，司法公正，开创依法治国的新局面，将中国法治建设推进到一个新阶段。

党的十八大以来，习近平同志围绕全面推进依法治国、努力建

---

① 习近平：《干在实处，走在前列——推进浙江新发展的思考与实践》，中共中央党校出版社，2006 年版。

设法治中国，提出了一系列新思想、新观点、新论断、新要求。习近平法治思想的主要特点是高度重视依法治国、建设法治国家，重视人民在法治建设中的主体地位和以严格执法为重点全面推进法律实施。习近平法治思想的脉络主要是围绕国家法律体系建设和党内法规体系建设两大维度来展开的，其最终目标是建设法治中国。

一、"法治中国"是习近平法治思想的总体目标

党的十四大报告确定了社会主义市场经济体制，作为与市场经济相生相伴的法治建设也由此提上了重要日程。党的十五大将"依法治国，建设社会主义法治国家"明确写入党的工作报告。1999 年宪法第三次修改将"依法治国，建设社会主义法治国家"写入宪法，中国开启了法治建设的新征程。党的十八大后，习近平提出了"法治中国"的时代命题。① 法治中国是对"依法治国、建设社会主义法治国家"基本方略和目标的丰富与深化。法治是当今世界任何一个走向现代化的国家和民族的制度保障和内在要求。在实现中华民族伟大复兴的"中国梦"征程中，国家需要"法治"，人民需要"法治"，国际社会也需要一个"法治中国"来担负起更大的责任，来更好地维护世界和平与安全。习近平提出"法治中国"的时代命题，揭示了当代中国的发展逻辑和内在要求。

法治中国是民族复兴的题中之意。未来中国要实现复兴，不会是历史的简单重复，它必须要有法治的积极跟进。市场经济与法治是所有发达国家成功的"法宝"。市场经济允许并鼓励人们追求个人利益，个人利益实现了，国家就发展繁荣了。但与此同时，还需要

---

① 2013 年初，习近平同志在就如何做好新形势下政法工作问题上的一个重要批示中首次提出了建设"法治中国"的新要求。

法律来规范人们追求个人利益的边界和方式。否则，社会就会上演
"丛林法则"。

　　法治中国是历史给我们的启示。古代社会有不少国家辉煌过，
但没有任何一个国家可以同罗马帝国相提并论。罗马帝国辉煌过好
几个世纪，其原因之一是建立在罗马帝国简单商品经济之上的罗马
帝国法律取得了辉煌成就。罗马帝国的《国法大全》为罗马帝国简
单商品经济的发展做出过巨大贡献，对当世及后世产生了深刻影响，
并成为后世商品经济国家法律的蓝本。文艺复兴后的欧洲，一方面
经济高速发展，另一方面又面临很严重的矛盾问题。因为文艺复兴
否定了神，人们无所信仰、无所敬畏，为了追逐利益可以不择手段。
在市场经济的发展过程中，西方人认识到法治的重要性，于是开启
了近代法治的征程。

　　法治中国是跨越"中等收入陷阱"的应对之策。世界银行发展
报告指出，"中等收入陷阱"表现为：经济增长回落或停滞、民主乱
象、贫富分化、腐败多发、过度城市化、社会公共服务短缺、就业
困难、社会动荡、信仰缺失、金融体系脆弱等矛盾问题。[1] 这些矛
盾问题处理不好就会引发社会内乱。2013 年，我国人均收入为 6700
美元。根据世界银行最新统计，以购买力平价计算，中国内地 2011
年人均 GDP 为 10057 美元，我国已经属于中等收入国家。当代中国
社会的矛盾问题是因为发展方式以及利益关系不平衡等造成的。为
此，需要通过整体、全面、合理的制度安排，推动发展方式的转型，
并从制度上理顺各种利益关系，平衡不同利益诉求，从源头上有效
预防与减少社会矛盾和纠纷。习近平提出"法治中国"就是要用法
治思维方式化解矛盾、创新社会管理、促进社会建设，构建安定和

---

　　[1]　世界银行：《东亚经济发展报告（2006）》，2007 年发布。

谐的社会环境。缘于此，2013年年初，习近平同志在就如何做好新形势下政法工作问题上的一个重要批示中首次提出了建设"法治中国"的新要求，2013年11月十八届三中全会上通过的《中共中央关于全面深化改革若干重大问题的决定》，用了专门一章阐述法治中国建设的总体目标以及推进法治中国的方略和要求等，将"推进法治中国建设"确立为我国新时期法治建设的新目标和全面深化改革的重大内容。[①]

建设法治中国，是自党的十五大确立依法治国基本方略以来，在总结35年来的法治实践的基础上，于中国特色社会主义发展的新时期，习近平总书记代表党中央提出的一个新的法治建设的总目标。它是集依法治国、依法执政、依法行政和法治国家、法治政府和法治社会建设于一体的新要求。[②]

推进法治中国建设，是全党全国全社会的重大任务，是全面建成小康社会的重要内容，是我党实行全面深化各方面改革的基本方向、基本内容和法治保障。今后我国进行法治建设的总目标即是向法治中国迈进，一个充满法治和公平正义的中国将屹立于世界的东方。

二、习近平依法治国思想的特点

习近平法治思想是习近平治国理政思想的一个重要组成部分，这些思想内涵深刻、务实创新，饱含着以人为本、心系人民的真挚情感，为推进法治中国建设提供了强大的理论指导。

[①] 吴传毅：《习近平法治思想的基本构架》，中共福建省委党校学报，2014年第12期。

[②]《论法治中国建设的目标与实践》，东方法学，2014年第4期，第124页。

（一）高度重视依法治国、建设法治国家

党的十八大以来，习近平总书记就推进依法治国方略、建设社会主义法治国家发表过多次讲话，要求以宪法为统帅，加快推进法治国家建设。2013 年 2 月 23 日，中共中央政治局就全面推进依法治国进行了第四次集体学习，习近平总书记在主持学习时强调，全面建成小康社会对依法治国提出了更高要求，我们要全面贯彻落实党的十八大精神，以邓小平理论、"三个代表"重要思想、科学发展观为指导，全面推进科学立法、严格执法、公正司法、全民守法，坚持依法治国、依法执政、依法行政共同推进，坚持法治国家、法治政府、法治社会一体建设，不断开创依法治国的新局面。这一表述充分体现出总书记对依法治国，建设法治国家的高度重视。

（二）重视人民在法治建设中的主体地位

人民群众是法治中国建设的主体，人民群众满意是衡量法治中国建设的最终标准。习近平指出，人民对美好生活的向往，就是我们的奋斗目标；要随时随刻倾听人民呼声、回应人民期待，保证人民平等参与、平等发展权利，维护社会公平正义；要以最广大人民利益为念，坚持司法为民。[①] 这些重要论述，体现了以人为本的执政理念，也使法治中国建设拥有广泛而深厚的群众基础。首先，要把依靠人民参与作为法治建设的基本方式。群众对自身利益最关切，对矛盾纠纷产生的原因、存在的症结最清楚，解决起来最有智慧。要充分依靠人民群众，自觉接受人民群众监督，实行专门机关和群众参与相结合，坚持走群众路线。要加大司法公开力度，最大限度地增加执法透明度，保障当事人和人民群众的知情权、监督权，回应人民群众对司法公正公开的关注和期待。其次，要把人民满意作

---

① 习近平：《在十二届全国人大一次会议闭幕会上的讲话》，2013 年 3 月 17 日。

为检验法治建设成效的根本标准。立法、执法、司法机关必须坚持以人民满意为目标，不断提高人民群众的认同感和信任度。另外要进一步提高群众工作能力，法律不应该是冷冰冰的，司法工作也是做群众工作，要把司法工作做到群众心坎上。①

（三）以严格执法为重点全面推进法律实施

依法治国的本质是依法治权，法治的真谛是法大于权，为从根本上杜绝以权压法、以言代法和徇私枉法，新一届领导集体异常重视依法治权，尤其重视政法队伍的自身建设。2014年1月，每年召开的"全国政法工作会议"变成了"中央政法工作会议"，突显新一届中央领导对政法工作的重视。在会议中，习近平总书记提出全国政法机关要顺应人民群众对公共安全、司法公正、权益保障的新期待，全力推进平安中国、法治中国、过硬队伍建设，深化司法体制机制改革，坚持从严治警，坚决反对执法不公、司法腐败，进一步提高执法能力，进一步增强人民群众的安全感和满意度，进一步提高政法工作的亲和力和公信力，努力让人民群众在每一个司法案件中都能感受到公平正义，保证中国特色社会主义事业在和谐稳定的社会环境中顺利推进。他还强调，决不允许对群众的报警求助置之不理，决不允许让普通群众打不起官司，决不允许滥用权力侵犯群众合法权益，决不允许执法犯法造成冤假错案，要以最坚决的意志、最坚决的行动扫除政法领域的腐败现象，坚决清除害群之马，这一切都凸显了习近平总书记依法治权的决心和信心。

三、习近平依法治国的科学内涵

面对经过改革开放发生巨大变化的中国社会，是沿袭原有的管

---

① 陈冀平：《谈谈法治中国建设——学习习近平同志关于法治的重要论述》，求是，2014年第1期。

理思维还是随着社会的变化和进步而采用新的治理思维？作为以习近平为总书记的中央领导集体执政宣言和纲领的十八大报告给出了明确的答案。

（一）法治是治国理政的基本方式

把法治作为治国理政的基本方式既是在总结我国几千年治国历史经验、也是在总结新中国成立以来的治国经验、更是在总结人类之过往历史经验的基础上，所得出的深刻结论。应当实行人治还是实行法治，人治与法治的关系是什么，这些问题多年前曾在学术界展开激烈争论。在提法上，也经历了从主要依靠政策到主要依靠法律、从法制到法治的转变过程。最终于 1999 年修改宪法时增加规定，中华人民共和国实行依法治国，建设社会主义国家。世界政治文明史和制度文明史反复证明，依法治国、把法治作为治国理政的基本方式是保证国家长治久安，保证社会可持续发展，保证人民幸福和尊严的必由之路。

把法治作为治国理政的基本方式，就必须"弘扬社会主义法治精神，依照人民代表大会及其常委会制定的法律法规来展开和推进国家各项事业和各项工作，保证人民平等参与、平等发展权利，维护社会公平正义，尊重和保障人权，实现国家各项工作法治化"；必须"坚持依法治国、依法执政、依法行政共同推进，坚持法治国家、法治政府、法治社会一体建设"。① 在推进具有中国特色的现代化国家治理体系和治理能力建设过程中，就必须坚持社会主义法治精神。

（二）依法治国首先是依宪治国

坚持依宪治国就必须实施宪法。习近平总书记非常清晰地指出：

---

① 习近平在中共中央政治局第四次集体学习时的讲话，2013 年 2 月 24 日。

"宪法的生命在于实施，宪法的尊严也在于实施。"① 人民制定宪法
的目的在于实施宪法，在于通过实施宪法得到和实现人权受到尊重
和保障、人的尊严受到维护的生活。一切国家机关和国家工作人员
在行使国家权力过程中，必须严格依据宪法，既积极行使宪法赋予
的国家权力，又在宪法授权的限度内行使国家权力而不滥用国家权
力；一切社会组织、企业事业单位和个人都必须以宪法为自己的根
本行为准则。

坚持依宪治国就必须健全监督宪法实施的机制和程序。我国通
过宪法及立法法等规范性法律文件建立了具有中国特色的宪法监督
制度。宪法监督制度的基本功能在于通过撤销或者改变那些违反宪
法的法律文件，保证宪法的正确有效实施，保证宪法的权威和尊严。
如果没有宪法监督制度或者宪法监督制度不具有实效性，那些违反
宪法的法律文件就得不到及时纠正，就无法保证宪法的正确有效实
施。因此，宪法监督制度是保证宪法正确有效实施的一项不可或缺
的制度。十八届三中全会决定明确指出，要进一步健全监督宪法实
施的机制和程序。

（三）维护宪法法律的权威

法治的基本标志是宪法法律必须具有权威性。十八大报告、十
八届三中全会决定及习近平总书记多次反复强调，要维护宪法法律
的权威。

维护宪法法律的权威必须首先做到有法可依。经过新中国成立
以来全国人大及其常委会、其他具有立法权的国家机关的长期努力，
形成了中国特色社会主义法律体系，我们国家和社会生活各方面总

---

① 习近平在首都各界纪念现行宪法公布施行 30 周年大会上的讲话，2012 年 12 月 4
日。

体上实现了有法可依，彻底改变了无法可依的状况，为依法治国提供了基础和前提条件。在这一基础上，还必须对这一体系内部那些不合法、违反宪法，以及内部相互之间不统一、不衔接、不一致的内容，进行有效的审查、清理和弥补。

维护宪法法律的权威，就需要"加强重要领域立法，确保国家发展、重大改革于法有据，把发展改革决策同立法决策更好结合起来"。① "重大改革于法有据"② 是维护宪法法律权威的关键。在中国特色社会主义法律体系已经形成，并且这一法律体系反映了中国社会发展的实际需求的背景下，必须严格按照宪法法律的规定进行改革，改革举措必须符合宪法法律。

维护宪法法律的权威就必须严格实施宪法法律。目前，具有中国特色的合宪性审查制度、合法性审查制度已经建立，对于所有国家机关制定的法律文件及做出的行为是否合宪、合法，都要进行严格的审查，以真正维护宪法法律的权威性和严肃性。

（四）"把权力关进制度的笼子里"

习近平总书记严肃指出，"要把权力关进制度的笼子里"。③ 在权力与制度之间，只有两个选择：或者是权力把制度关到笼子里，或者是制度把权力关到笼子里。法治的精髓就是把权力关进制度的笼子里，人治的基本标志就是权力把制度关进笼子里。在法治之下，一切国家权力均由宪法法律授予、来源于宪法法律，必须服从宪法法律，严格依据宪法法律的规定行使。

① 习近平在庆祝全国人民代表大会成立 60 周年大会上的讲话，2014 年 9 月 5 日。

② 习近平在中央全面深化改革领导小组第二次会议上的讲话，2014 年 2 月 28 日。

③ 习近平：《依纪依法严惩腐败，着力解决群众反映强烈的突出问题》（2013 年 1 月 22 日），中共中央文献研究室编：《十八大以来重要文献选编》（上），中央文献出版社 2014 年版，第 135－136 页。

如何发挥国家权力的积极作用、避免其消极作用，就成为考验人类政治智慧的巨大难题。在人民主权原则下，人民无法直接行使所有的国家权力，换言之，人民必须将大部分国家权力委托给自己选择的代理人行使，否则，国家权力无法正常履行发挥其功能。人民在选择代理人时，当然会选择道德品质优秀的人，但这些优秀的代理人毕竟也是人，人性中也具有自私性的一面。当他们在实际掌握国家权力后，面对国家权力所带来的巨大利益诱惑时，能否通过自律仍然保持道德品质的优秀性，是十分令人怀疑的。

在人民主权原则下，作为人类治理国家的政治智慧的伟大结晶是人民制定宪法和法律，通过宪法和法律，既设定和赋予国家权力，使国家权力具有正当性和合法性；又设计一系列原则和制度，以保证国家权力行使的有效性；还设计一系列原则和制度控制国家权力，防止其滥用和扩张。

（五）深化司法体制改革，严肃惩治司法腐败

经过改革开放，我国社会呈现出利益多元化的趋势，而不同利益之间又必然地存在矛盾和冲突，要妥善解决这些矛盾、纠纷和冲突，就必须找到妥善调整不同利益之间关系的机制。在今天的社会背景下，以往那种以牺牲的思维、命令的方式解决不同利益主体之间的矛盾、冲突的做法已经无法奏效。宪法法律是在广泛民意基础上经过民主程序和民主机制制定的，反映和体现了不同利益主体的意志，应当作为社会不同主体之间利益关系的调整器。所有的利益冲突、纠纷的解决都必须回归到宪法法律上来，以宪法法律作为解决矛盾、纠纷、冲突的唯一依据。

法律的权威很大程度上有赖于司法。换言之，必须有赖于检察机关独立行使检察权，法院独立行使审判权，尤其是后者的独立性。法官在审理案件并做出裁判时，眼睛里只有法律而没有其他，纸面

上的法律才能成为真正意义上的法律。而只有法院独立行使审判权，排除法外的干涉，才能真正做到这一点。法院在审理案件并做出裁判时如果不能够严格依据法律，法律也就不能真正发挥调整不同利益之间矛盾、纠纷、冲突平衡器的功能。

要深入推进公正司法，深化司法体制改革，加快建设公正高效权威的司法制度，完善人权司法保障制度，严肃惩治司法腐败，让人民群众在每一个司法案件中都感受到公平正义。要健全司法权力运行机制，优化司法职权配置，健全司法权力分工负责、互相配合、互相制约机制，加强和规范对司法活动的法律监督和社会监督。改革审判委员会制度，完善主审法官、合议庭办案责任制，让审理者裁判、由裁判者负责。明确各级法院职能定位，规范上下级法院审级监督关系。推进审判公开、检务公开，录制并保留全程庭审资料。增强法律文书说理性，推动公开法院生效裁判文书。严格规范减刑、假释、保外就医程序，强化监督制度。广泛实行人民陪审员、人民监督员制度，拓宽人民群众有序参与司法的渠道。

此外，法治思维还包括平等思维、正当程序思维等。改革开放使我们国家和社会发生了巨大变化和发展，取得了伟大的进步，以法治思维和法治方式深化改革、推动发展、化解矛盾、维护稳定，是社会发展和进步的必然要求，是时代的必然要求。①

四、习近平全面推进依法治国的重大意义

党的十八大以来，以习近平为总书记的党中央高度重视依法治国，强调落实依法治国基本方略，加快建设社会主义法治国家。习近平发表的一系列重要讲话，运用马克思主义的世界观和方法论，

---

① 胡锦光：《习近平法治思想内涵解读》，人民论坛，2014 年 28 期，第 31－33 页。

科学分析和深刻阐述了中国特色社会主义法治建设的基本理论、基本实践和基本经验，直面我国法治建设领域的突出问题，立足我国社会主义法治建设的实际，有针对性地回应人民群众呼声和社会关切，提出了一系列关于依法治国的新思想、新观点、新论断，阐明了必须切实增强宪法意识，推动全面贯彻实施宪法，坚持党的领导是中国特色社会主义法治最本质的特征，中国特色社会主义法治道路是建设社会主义法治国家的唯一正确道路，为我们深入理解十八届四中全会提出的全面推进依法治国的指导思想、总体目标、基本原则，深入理解党的领导和依法治国的关系，深入理解我国社会主义法治建设的性质、方向和道路指明了方向，具有极其重要的理论意义和实践意义。

（一）法治中国彰显中国道路

中国道路，就是中国特色社会主义道路；建设法治中国，就是走中国特色社会主义法治道路。2013 年初，习近平总书记在就如何做好新形势下政治工作问题上的一个重要批示中首次提出"法治中国"的新要求；党的十八届三中全会强调，将"推进法治中国建设"确立为全面深化改革的重要内容；党的十八届四中全会对"全面推进依法治国"做出总部署。"法治中国"展现了世界法治共性与中国具体国情的结合，彰显了中国特色社会主义法治道路的国体特征、地域特征和实践特征。

第一，我国宪法规定：中华人民共和国是工人阶级领导的，以工农联盟为基础的人民民主专政的社会主义国家。国体的性质决定中国社会主义的法治道路是本质上区别于西方资本主义的法治道路。社会主义法治建立在公有制基础上，资本主义法治则建立在私有制基础上；社会主义法治以全体人民的共同利益为根本，资本主义法治则以少数人的利益诉求为依归；社会主义法治以全人类的自由与解放为价值追求，资本主义法治则以自由、平等为幌子。坚定走中国特色社会主义法治道路，就是要坚持社会主义的鲜明属性和本质特征。①

　　第二，我国是一个幅员辽阔、地域差异极大的亚洲大国，这一基本国情决定我国地域发展和城乡发展的不平衡性，也决定我国各地方法治发展的不平衡性。辩证唯物主义认为，想问题、干事业必须坚持实事求是，坚持一切从实际出发，将矛盾的普遍性和特殊性相结合。建设中国的法治事业，也须秉持唯物主义基本原理，坚持把世界法治的普遍原理与中国的具体国情相结合，坚持立足本土资源与汲取外国有益经验相结合。在此意义上，坚持中国特色社会主义法治道路与繁荣发展世界法治，相辅相成、相互促进。

　　第三，改革开放的实践证明，中国特色社会主义法治道路，是中国法治建设唯一正确的道路。1978 年，党的十一届三中全会提出：“为了保障人民民主，必须建设社会主义法制，使民主制度化、法律化，使这种制度和法律具有稳定性、连续性和极大的权威性……做到有法可依、有法必依、执法必严、违法必究。”② 从此，开启中国特色社会主义法治建设的新征程。三十多年来，我们坚持党的领导、人民当家作主和依法治国相结合，坚持立足本国基本国情和借鉴西方有益经验相结合，制定法律 240 多部，建立起完备的法治实施体系，锻造出优秀的法治建设队伍，中国的法治进步，成绩斐然、有目共睹。事实证明，中国特色社会主义法治道路，不是封闭僵化的老路，也不是改易旗帜的邪路，是适合我国国情、党情和民情的光明大路。

————————

　　① 《中华人民共和国宪法》，中国法制出版社，2014 年 10 月版。
　　② 《邓小平文选》第二卷，人民出版社，1993 年 10 月版，第 136、146 页。

（二）法治理论凝聚中国智慧

党的十八大提出，中国特色社会主义理论体系是指，包括邓小平理论、"三个代表"重要思想以及科学发展观等重大战略思想在内的科学理论体系。这一理论体系，凝结着党领导人民不懈探索的智慧与心血。作为中国特色社会主义理论体系在法治建设上的理论成果，中国特色社会主义法治理论凝聚中国智慧。

党的领导与法治的关系，是中国特色社会主义法治理论的关键问题。习近平总书记指出，中国共产党是中国特色社会主义事业的领导核心，处在总揽全局、协调各方的地位；党的领导是中国特色社会主义最本质的特征，是社会主义法治最根本的保证；社会主义法治必须坚持党的领导，党的领导必须依靠社会主义法治。这深刻指明三层含义：第一，党在法治建设过程中，必须居于领导地位，起决定作用；第二，搞法治建设不能削弱党的领导，更不能否定党的领导，而要在法治指引下，加强和改进党的领导，坚持依法执政、依法领导；第三，社会主义法治和党的领导，相辅相成、相互助力；党的领导必须遵守宪法法律的要求，社会主义法治必须坚持党的领导凝聚法治力量。

首先，中国共产党对法治建设的领导地位不是自封的，而是人民的选择和社会主义国家性质决定的，具备充分依据。在革命根据地建设时期，中国共产党便已重视法制建设，制定出台《中华苏维埃宪法》《土地法》《婚姻法》等法律制度，建立起法院、司法委员会等组织机构。在新中国成立后，虽然法治建设走过曲折的道路，但终究回归正途，尤其是改革开放以来，中国共产党格外重视法治建设。党的十五大将"依法治国"确立为治国理政的基本方略，党的十六大和十七大分别将"依法治国""依法执政"写入党章。党的领导与依法治国不可分割。

其次，中国共产党对社会主义事业建设的领导，离不开法治的支撑。法律是国家意志的体现，在我国就是党和人民意志的体现。依法治国，就是将党和人民的意志贯穿始终，保障国家主权和民族认同。党对国家的治理，必须保证社会安定团结、人民安居乐业；依法治国，就是将社会秩序纳入法律秩序，推动各项社会活动有序运转，法治是联接党的领导与社会治理的桥梁。

再次，党的执政地位决定，只有党才能发挥总揽全局、协调各方的作用，才能凝聚各方力量支持法治建设。党的十六大对党的历史定位做出明确判断："我们党历经革命、建设和改革，已经从领导人民为夺取全国政权而奋斗的党，成为领导人民掌握全国政权并长期执政的党；已经从受到外部封锁和实施计划经济条件下领导国家建设的党，成为对外开放和发展社会主义市场经济条件下领导国家建设的党。"党的执政是指，以党组织控制各部门组织人事安排为基础，以各级党委书记为中枢，指挥和管理国家的立法、行政和司法等活动。因此，党对法治建设的领导，能够充分调动资源、形成合力。

（三）法治体系展现中国制度

党的十八届四中全会提出，全面建设法治国家的总目标是建设中国特色社会主义法治体系，建设社会主义法治国家。法治体系作为中国特色社会主义制度的法律表现，充分展现了社会主义的制度魅力和制度优势。

中国特色社会主义制度是指，以人民代表大会制度为根本政治制度，以中国共产党领导的多党合作和协商制度、民族区域自治制度和基层群众自治制度为基本政治制度；公有制为主体，多种所有制经济共同发展的基本经济制度；中国特色社会主义法律制度体系；以及建立在基本政治经济制度上的其他政治、经济和文化制度。中国特色社会主义法治体系包括五个部分，即完备的法律规范体系、高效的法治实施体系、严密的法治监督体系、有力的法治保障体系、完善的党内法规体系。两者相互对应，前者是后者的制度建构，后者是前者的制度表征。

中国特色社会主义法治体系与中国特色社会主义制度的一体同构，决定法治成为国家治理的主导方式，国家治理体系就是法治体系。由此，国家、政府和社会的活动都必须按照法治运行，呈现法治国家、法治政府和法治社会的治理状态。对于法治国家来说，每个国家机构必须依法办事，不同国家机构间应当形成彼此配合、相互促进的法治关系，国家机构与社会主体应当形成有序的交往关系；对于法治政府来说，行政立法应当依法而行，没有法律的明确规定或授权，不得减损公民的合法权益或者增加公民的义务，行政执法应当遵循合法行政、合理行政和法定程序，保障行政相对人的知情权、抗辩权和救济权；对于法治社会来说，应当在法治国家的整体框架下展开，一方面鼓励社会自治，激活社会活力，另一方面规范自治行为，维护社会秩序。

习近平总书记强调："国无常强，无常弱。奉法者强则国强，奉法者弱则国弱。"① 近代史上中国法治不兴、民主不彰，中华民族历经屈辱、饱受风霜。当前，党领导全国各族人民行进在"全面推进依法治国"的征途，在此过程中，习近平全面依法治国思想必将继续丰富发展，引领中国法治新常态。

---

① 习近平在庆祝全国人民代表大会成立 60 周年大会上的讲话，2014 年 9 月 5 日。

第三章

中国特色社会主义推进依法治国的当代建设问题

党的十八大提出，要按照全面建成小康社会的战略目标和要求，到 2020 年全面落实依法治国基本方略。习近平总书记提出，要全面推进科学立法、严格执法、公正司法、全民守法，坚持依法治国、依法执政、依法行政共同推进，坚持法治国家、法治政府、法治社会一体建设，不断开创依法治国新局面。① 张德江委员长强调全面推进依法治国、维护宪法和法律权威是各级人大及其常委会的重要任务。② 党中央突出强调要全面推进依法治国，加快建设社会主义法治国家，充分体现出党和国家厉行法治的信心和决心。③

依法治国是我国政治稳定、经济发展的根本保障，是实现社会主义民主政治的根本途径。由于依法治国是一项规模宏大、结构复杂的社会工程，它涉及社会政治经济文化生活的各个方面，它要求社会的各个组织、各个部门之间相互配合和支持，同时，实现社会主义民主政治是一个长期的、渐进的历史过程，需要我们不断对其

---

① 《全面推进科学立法、严格执法、公正司法、全民守法》（2013 年 2 月 23 日），《人民代表大会制度重要文献选编》（四），中国民主法制出版社、中央文献出版社，2015 年版，第 1579 页。

② 《十二届全国人大二次会议政府工作报告》，2014 年 3 月 9 日。

③ 李适时：《全面推进依法治国的几点思考》，中国人大，2013 年 12 期，第 36 - 40 页。

所涉及的基本问题加以研究和探索。

第一节　全面推进依法治国与中国特色社会主义宪政建设

　　现代国家普遍有宪法，而宪政却仅在部分国家实行。何为宪政？简单地说，宪政就是一种政府权力受到约束、受到控制，公民的权利受到保障的政治制度。宪政的产生是人们基于对政府的性质、作用以及执掌政府权力的人的本性等各方面的认识而形成的一种政府权力有限的理论，以及基于政府权力有限理论而设置控制政府权限的政治体制。宪政理论认为人类并不能生活在无政府状态下，在没有政府控制时，人的幸福生活也毫无保障，人的本性要求社会必须有权威，人类对权威的要求，是产生政府的内在动力。政府权力是必要的，政府权力也是危险的，因为执掌政府权力的人也存在人性中固有的弱点，必须设置制度去克服社会管理者人性中的弱点，制定宪法和法律，否则权力的滥用必将侵害公民的合法权益。如果说人类对权威的需要是政府产生的内在动力，那么，人民对政府权力危险性的认识和戒备则是建立宪政的直接动力。宪政是社会在对政府的需求与戒备之间寻求一种平衡的理论和制度设施，它要保障政府权力的行使受到控制，[1] 以便政府权力的行使不致摧毁政府权力有意促进的价值。[2] 宪政的基本要求是明确政府权力界限，进而控制政府权力。控制政府权力分为三个层面。

---

　　[1] 谭琪：《浅试宪政与行政程序》，理论月刊，2004 年 11 期，第 102 – 104 页。
　　[2] 〔英〕M·J·C维尔：《宪政与分权》，苏力译，生活·读书·新知三联书店，1997 年版，第 1 页。

一、树立宪法的权威，对政府权力实行规范控制

宪法应享有高于任何机关的权威，高于法律制定机关的权威。宪法应当为立法者设定限制，能够约束立法者的立法行为。宪法是宪政的基础，无宪法即无宪政。树立宪法的权威，要求宪法首先必须具有正当性，包括宪法制定的民主性、宪法内容的科学性和修宪程序的合理性；其次宪法必须被贯彻实施，政府机关的一切行为必须贯穿宪法的原则和价值，必须以宪法规定为行为的最高准则，发挥宪法对政府机关的约束作用。同时，宪法的权威性要求建立相应的制度保障，保证宪法的实施，我国应当建立违宪审查制度，任何违宪行为都应当受到制裁，树立宪法的权威。

宪法和法律是党的主张与人民意志高度统一的结晶，是治国理政的基石。实现国家治理体系和治理能力现代化的核心是形成完善的法律制度体系、实现国家和社会各项工作的法制化。我们党作为长期执政的党，按照依法治国的要求，一方面领导人民制定宪法和法律，把国家生活、社会生活的基本方面全部纳入法制轨道，自觉接受宪法和法律的约束与调整；另一方面又通过发挥各级党组织的政治保障和广大党员的先锋引领作用，保证宪法和法律的实施，使宪法和法律成为各级党组织、国家机关和全体公民共同遵守的行为准则，让人民群众从每一起司法案件中感受到公平正义。这标志着我们党实现了从早年主要依靠群众运动和政治方式实行领导向主要依靠依法治国、依宪执政、依法执政的历史性转变，标志着我们党实现了从"人治"向"法治"的历史性转变，标志着我国亿万人民当家作主的政治地位和民主权利得到社会主义法治的充分肯定与有效保障，对于深化改革、推进社会主义民主政治建设、巩固和加强党的领导、全面建成小康社会和实现国家长治久安都具有重大而深远的意义。①

宪政本身不仅是一个制度的概念，也是一个理想的理念概念。随着对十八届四中全会《决定》学习的深入，围绕"依宪治国"和依宪执政展开了虽不直接言"宪政"而实质上是宪政构想的一系列讨论和研究，标志着中国 2014 年已经迈向中国特色社会主义宪政之路。② 依宪治国是建设法治国家的前提和基础。十八届四中全会《决定》对依宪治国问题主要强调了两点。

第一，树立宪法权威。如果宪法失去权威，法治就是一句空话。习近平总书记指出，依法治国首先是依宪治国。香港的"占中"事件就是一个例子。《香港特别行政区基本法》是香港地区的"小宪法"，它规定了香港行政长官的产生程序和方式。全国人大常委会又专门对 2017 年香港特首普选的程序做出了明确规定。但是一些受西方支持的政治力量打着所谓"公民抗命"旗号，非法占据中环等地交通要道，企图以此要挟全国人大收回成命，按照他们所说的"公民提名"方式选举特首。这不仅是违法行为，而且是违宪行为。习近平强调，必须把宣传和树立宪法权威作为全面推进依法治国的重大事项抓紧抓好。十八届四中全会《决定》提出三项措施：一是在全社会普遍开展宪法教育，弘扬宪法精神，让宪法权威根植于每个人的心中；二是将每年 12 月 4 日（1982 年《宪法》颁布日）定为国家宪法日；三是建立宪法宣誓制度，凡是经人大及其常委会选举或者任命的国家工作人员正式任职时要公开向宪法宣誓。

第二，健全宪法实施和监督机制。十八届四中全会《决定》提

---

① 本刊编辑部：《落实四中全会决定全面推进依法治国》，发展，2014 年第 11 期，第 3 页。

② 杨建顺：《2014 中国迈向特色社会主义宪政之路》，人民论坛，2015 年第 3 期，第 66－69 页。

出完善全国人大及其常委会宪法监督制度，由全国人大行使宪法监督权。要健全全国人大宪法监督机制和程序，明确进行宪法监督的对象、范围、方式等，使宪法监督具体化、程序化。人大常委会的相关机构要健全宪法解释程序机制，加强备案审查制度，同时要引导社会各方参与宪法监督。①

二、明确政府权力配置，实现权力制约

权力的合理配置不仅可以防止政府权力集中在一人或少数人的手上，而且可以保证政府机关之间相互制约，保证每个政府机关的权力都是有限的。但绝对合理的配置在实践中却是无法实现的。借鉴维尔对"权立分立学说"的解释可以在一定程度上说明问题："纯粹权力分立学说隐含的是，可以在政府各个部门之间对政府职能做独到的划分，做到任何部门都不再需要行使其他部门的职能。在实践中，这种职能划分从来没有实现过，即使可能，事实上也是不可求，因为它涉及政府活动的中断，而这是无法容忍的。"②

第二节　建设法治政府，解决权力"扩张性"的问题

法治的核心是对权力的规范和公民权利的保障。但权力天然的"扩张性"却往往肆意侵犯宪法和法律赋予的公民权利，侵蚀党依法执政的根基，这是最大问题。导致权力"扩张性"问题的关键原因

---

① 何克亮：《全面推进依法治国的几个重点问题》，理论学习，2015 年第 1 期，第 61 - 63 页。

② ［英］M·J·C 维尔：《宪政与分权》，苏力译，生活·读书·新知三联书店，1997 年版，第 303 页。

在于没有将权力置于法治的笼子里。改革开放以来，我国法治建设取得了明显的成就，但是与法治国家的要求还存在着一定的差距，主要表现在法治意义下的对权力的制约尚未实现。在不少人看来，中国所需要的法治并不是约束掌控公权力的"紧箍咒"，而是手中所向披靡的"金箍棒"。由于权力运行不规范，公权力随意进入私权领域，一方面造成腐败屡禁不止，另一方面法律的权威和司法的公正性受到人们的普遍质疑。如果权力被无限推崇，而民主、平等、人权、依法办事等理念未被整个社会所接受的话，那么法律悬空也就成为一种必然。

因此，在法治意识和法治思维已经成为社会共识的情况下，制约公权力的法治取向，是当下全面推进依法治国的迫切要求。一是培育权力运行法治精神。培育各级政府的法治精神是推进公权力制约法治化，防止公权力异化扩张的前提。各级政府领导干部是权力的行使者，也是法治精神培育的重要群体。必须提高权力行使者的法治观念，消除传统的人治观念和特权思想，树立学习法律、尊重法律、敬畏法律、信仰法律、法律至上意识，做到行政要依法、有权必有责、用权受监督、侵权要赔偿、违法必追究，真正把法治精神和理念内化于工作实践之中。二是推行政府权力清单制度。在现代法治社会，权力须有明确的边界。要界定清楚权力主体的职权范围和行权边界，并使之法治化，推进政府机构、职能、权限、程序、责任法定化，不允许存在游离于法律之外的任何权力，也不容许存在高于法律之上的任何权威，坚决消除权力设租寻租空间。三是确保权力依法规范运行。要从根本上解决权力无限扩张滥用问题，必须加快建立结构合理、程序严密、运行科学、制约有效的权力运行机制。要规范确认权力主体行使权力的法理基础，推行法律顾问制度，保证施权行为的法律依据，构建法治化的权力制约机制。四是全面推进政务依法公开，推进决策公开、执行公开、管理公开、服务公开、结果公开。

一、全面深化行政体制改革，加快建设法治政府

依法行政是依法治国的关键，法治政府建设是建设法治中国的重点。在我国，全面推进依法行政、加快建设法治政府的一个重要前提，是必须全面深化行政体制改革，否则就会使不合理的行政体制"合法化""法治化"，从而增加行政体制改革的难度。因为相对于行政权力、行政体制、行政职能、行政机构、行政关系、行政行为、部门利益等实体行政而言，法律、行政法规、依法行政、法治政府等都可能是一种法治化的外包装，是一种法律化或者法规化的确认。如果行政机关职能转变不到位、行政体制改革未进行、部门利益未破除、行政权力被垄断，那么，法治政府建设越加强，行政法治化程度越高，不合理的行政职能、行政体制和部门利益就可能被法律法规固定下来，披上法制或者合法化的外衣，反而会对行政体制改革形成障碍。因此，建设法治政府应当先行深化行政体制改革。

全面深化行政体制改革，加快建设法治政府，一要通过广泛的民主参与和人大监督，全面深化行政审批制度改革，最大限度地减少政府的审批事项。二要确保政府做到有所为、有所不为，把人民、社会需要的公共安全、环境保护、食品安全、社会保障、交通出行、教育医疗卫生等管理好、服务好；同时尽可能减少政府对市场、社会和企业的干预和控制，把市场的还给市场，把社会的还给社会，把企业的还给企业。三要全面推进大部制改革，精简机构，减少层级，裁汰冗员，提高效率，建设高效政府。四要在法治统一的基础上全面推进依法行政，弱化行政立法，强化行政执法，完善行政程

序，加强行政监督，建设法治政府。五要有效约束行政权力，公开行政行为，严惩行政腐败，尤其是从体制机制上解决好国有企业监管、政府采购、招投标等领域和环节的腐败问题，努力建设透明廉洁政府。①

全面推进依法治国的重点是保证法律严格实施。法律实施主要靠执法，而执法的主体主要是政府。因此，建设法治政府，严格公正执法，是依法治国的关键环节。近些年，老百姓反映强烈的一个问题，就是政府执法存在有法不依、执法不严、违法不究的问题，甚至有的以权压法、徇私枉法。为此，十八届四中全会对建设法治政府做出全面部署，并提出到2020年基本建成法治政府的目标和任务。十八届四中全会《决定》提出的法治政府的基本要求是：各级政府必须在法治轨道上开展工作，一切行为都要于法有据，都要受到法律制度的制约和监督。法治政府的基本特征是：职能科学、权责法定、执法严明、公开公正、廉洁高效、守法诚信。②

二、依法确定政府的权力边界

十八届四中全会《决定》指出，要通过推进政府机构、职能、权限、程序、责任法定化，规定政府不得法外设立权力。其原则是，法定职责必须为，法无授权不可为。为此，要推行政府权力清单制度，明确规定政府具有哪些权力，给政府划定权力边界，超出这个边界的行为要依法追究责任。与此相对应，要在市场领域建立负面清单制度，规定哪些领域是市场主体不能进入的，清单之外的领域

---

① 曹伟：《用法治思维建立公平正义与推进反腐》，小康，2014 年第 14 期，第 28 -29 页。

② 何克亮：《全面推进依法治国的几个重点问题》，理论学习，2015 年第 1 期，第 61 - 63 页。

都可以进入。这两个清单可以界定政府和市场的治理边界，确立一种法律规则：政府是法无授权不可为；市场主体准入是法无禁止皆可为。

三、健全政府依法决策机制

这里也包括与政府平行的党委。因为现行体制下，地方的有些重大行政决策往往是党委做出的。近些年，地方党委、政府随意决策的问题突出，因决策失误造成的损失和浪费巨大。为改变这种状况，十八届四中全会《决定》提出了依法决策的三项重要制度。一是明确重大行政决策的法定程序。包括公众参与、专家论证、风险评估、合法性审议、集体讨论五个环节。特别是要建立重大行政决策合法性审查机制，未经合法性审查或经审查不合法的，不得提交讨论。二是推行政府法律顾问制度。法律顾问由政府法制办、专家、律师组成。重大行政决策必须征询法律顾问的意见。三是建立重大决策终身责任追究制度及责任倒查机制。对决策失误负有责任的领导人和相关责任人追究法律责任。

四、推行综合执法，理顺执法体制，完善执法程序

行政执法乱象是老百姓对政府意见最大的问题之一，是建设法治政府的重点。十八届四中全会《决定》提出了行政执法体制改革的十二字原则，即减少层次、整合队伍、提高效率，明确了行政执法重心向市县两级政府转移，推出了许多重要改革举措。一是推进综合执法。要大幅度减少市县两级政府执法队伍种类，重点在食品药品安全、工商质检、公共卫生、安全生产、文化旅游、资源环境、农林水利、交通运输、城乡建设、海洋渔业等十个领域推行综合执法。二是完善市县两级政府行政执法管理，加强统一领导和协调。

特别是要理顺城管执法体制，加强城市管理综合机构建设。三是改变群众诟病的"临时工"执法的现象，严格实行行政执法人员持证上岗和资格管理制度。四是健全行政执法和刑事司法衔接机制，完善案件移送标准和程序，建立行政执法部门、公安部门、法院、检察院信息共享、案情通报、案件移送制度。五是全面落实行政执法责任制，严格确定不同部门、岗位的执法责任和责任追究制度，完善执法程序，建立执法全过程记录制度。六是建立健全行政裁量权基准制度，细化、量化行政裁量标准，规范裁量范围、种类、幅度。

五、强化对行政权力的制约和监督

除了加强外部监督制度以外，十八届四中全会《决定》重点强调了对政府内部权力的制约。一是强化内部流程控制，防止权力滥用。对财政资金分配、国有资产监管、政府投资、公共资源转让、公共工程建设等权力集中的部门和岗位，实行分事行权、分岗设权、分级授权、定期轮岗等制度，防止权力寻租。二是完善政府内部层次监督和专门监督。改进上级机关对下级机关的监督，建立常态化监督机制。三是保障依法独立行使审计监督权，对公共资金、国有资金、国有资源和领导干部履职情况实行审计全覆盖。要探索省以下地方审计机关人财物统一管理。①

第三节　建设法治政党，解决执政"随意性"的问题

执政"随意性"问题主要指党的执政行为规范性不够，缺少规

---

① 何克亮：《全面推进依法治国的几个重点问题》，理论学习，2015 年第 1 期，第 61 – 63 页。

范党执政行为的法律制度，导致在政策执行落实过程中稳定性缺失，甚至出现随领导者意志、情绪、思维、喜好等主观因素而"朝令夕改"的现象。

一、造成执行"随意性"问题的原因

世界上的许多国家特别是社会主义国家的实践表明，以暴力革命形式夺得国家政权的政党，在执政之后，会不习惯以法律为手段来治理国家，而是用政策治国、用文件治国、用决议治国、用会议治国。而政策、文件和决议虽然其产生也可能通过民主形式，但从本质来说仍然受到领导人个人意志、看法或情绪的影响，并不属于法治。在我国，党领导制定的法律规范，就其文本和内涵来讲，相对于其他国家的并不落后，但在现实中有时难以落实，虽然其原因是多方面的，但不容忽视这样一条原因：法律规范被层层的条例、细则、办法和"红头文件"等稀释冲淡。

二、党依照宪法法律治国理政

十八届四中全会《决定》阐明以下几点：一是党要带头维护宪法法律权威，把自己的执政活动纳入宪法法律范围内。党组织和各级领导干部要对法律有敬畏之心，牢记法律红线不可逾越，法律底线不可触碰。二是党要领导立法。凡是立法涉及重大体制和重大政策调整的，要报党中央讨论决定。党中央向全国人大提出宪法修正建议，人大依照宪法规定的程序进行宪法修改。法律制定和修改的重大问题由人大党组向党中央汇报。三是党要保障和支持立法机关、执法机关、司法机关依法依章程履行职能、开展工作。党组织和领导干部不能违反法定程序干涉国家机关的职能工作。四是完善党委依法决策机制，发挥政策和法律的各自优势，促进党的政策和国家法律互动。五是要把党的主张特别是成熟的政策经过法定程序变成法律，上升为国家意志。六是善于使党组织推荐的人选通过法定程序成为国家机关的领导人员。七是通过国家机关、企事业单位、社会团体中的党组织和党员，贯彻党的理论和路线方针政策，贯彻党委决策部署。①

三、党依据党内法规管党治党

党内法规既是管党治党的重要依据，也是建设社会主义法治国家的有力保障。党组织和党员有两条不能逾越的红线，一条是国家法律，一条是党规党纪。十八届四中全会《决定》提出了依规治党的四个重点：一是完善党内法规制度体制机制，加大党内法规备案审查和解释力度，形成配套完备的党内法规制度体系。二是提高党内法规执行力，形成完善的执行制度和机制，对违反党规党纪的行为必须严肃处理。三是依法依纪反对和克服党内不正之风，形成转变作风的长效机制。特别是完善和严格执行领导干部政治、工作、生活待遇方面各项制度规定，着力整治各种特权行为。四是深入开展党风廉政建设和反腐败斗争，严格落实党风廉政建设党委主体负责和纪委监督责任，依法依纪惩处腐败行为和腐败分子。②

因此，在社会主义法治不断完善的过程中，党的领导方式必须打上社会主义法治的痕迹。一是明确法治视野中党的领导的深刻内涵。在法治视野中，党的领导是党对法治建设的领导，是通过路线、方针、政策的制定和实施，以及各级党组织的作用，来把握法治建

---

① 何克亮：《全面推进依法治国的几个重点问题》，理论学习，2015 年第 1 期，第 61 - 63 页。

② 何克亮：《全面推进依法治国的几个重点问题》，理论学习，2015 年第 1 期，第 61 - 63 页。

设的方向、决定法治建设的制度框架、确定法治建设的目标任务、协调法治建设的内外关系、监督法治建设的有效实施。概括起来，党对法治建设的领导就是管方向、管政策、管原则、管干部。因此，法治视野中党的领导体现了政治与法治的相互结合和政策与法律的相互结合。二是加强党对法治建设领导的民主化。例如，党在领导立法的过程中，应坚持民主取向，坚持群众路线，广泛地听取民意，真正把民众的根本利益、整体利益、长远利益作为立法工作的出发点和落脚点。也就是说，党对法治建设的领导要善于把人民意志、人民需求转化和提炼为国家意志。三是加强党对法治建设领导的科学化。一方面要区分法制与政策的界限，在制定政策时，要注意政策的局限性和有限性，尊重法治的科学规律，善于运用法治手段方法来实现党的路线、方针和政策；另一方面要坚持有所不为，明确党组织的权力清单。如果党组织管了不适合自己管的具体法律事务，不但不能加强党对法治建设的领导，反而可能适得其反。四是加强党对法治建设领导的法治化。全面推进依法治国既是社会主义法治建设所要遵循的基本理念，也是党领导社会主义法治建设的基本原则。这就要求党对社会主义法治建设的领导应当严格限制在宪法和法律的框架内展开。

所以，坚持党的领导是建设法治中国的一条不可动摇的政治原则。但是，在法治框架内如何实现党的领导、行使党的执政权，是依法治国的关键。共产党要领导人民依法治国，必须首先做到自己依法执政。

第四节　建设法治社会，解决"意识薄"的问题

从信访不信法、从农民工宁愿用极端方式讨薪，而不诉诸法律救济等等事件中，我们除了感受到悲哀外，更看到的是社会民众法治意识的淡薄。社会民众法治意识淡薄必然导致参与立法不够，从而使利益诉求得不到法治层面的认可和保障，这就可能导致立法无法体现民意，立法质量不高，公认度不强。

因此，加强民众法治意识的培育是全面推进依法治国的理性选择，也是社会走向现代化的必经之路。一是加强法治宣传。法治宣传教育，不仅是落实依法治国基本方略、建设社会主义法治国家的一项基础性工作，而且是塑造和培育民众社会主义法治理念的基本途径。要加强权利和义务的法治教育，树立维护法律权威的意识，强化民众对法治的合理性和合法性的认同；加强法律权威教育，培养民众护法守法、依法办事、依法维权的意识。二是形成法治信仰。法治信仰是以法律信任和法律依赖为前提的。一方面，法律作为一种人道的正义规则要成为民众信仰的价值基础，就必须以实现人的价值和人格尊严为目标，使法律真正成为保护公民权益的根据；另一方面，法律作为一种操作性很强的利益规则要成为民众信仰的行为实践准则，就必须以人权保障为价值追求，实现司法公正，使法律成为公正的权利救济渠道。只有这样，民众才会增强和坚定对法治的信心和信念，使法治更加被认同和依赖。三是确保法律地位。法治的价值取向除了依法办事外，还包括民主、自由、平等、人权等等。培育社会民众法治意识要把民众放在法律赋予的应有地位，不能只把法律当作一种维护社会秩序的工具和手段，只要求民众

"依法办事"。四是实现全民守法。改变重权力轻权利、重义务轻权利、重关系轻规范、重实体轻程序的历史，努力形成社会各界办事依法、遇事找法、解决问题用法、化解矛盾靠法的法治社会建设目标。

一、转变传统观念，增强法律意识，强化法律的公共管理职能

依法治国的提出意味着中国从人治社会向法治社会转变的开始。对于像中国这样有着几千年封建传统的国家，依法治国的内涵绝不仅仅是制度结构的建立，更重要也更艰巨的是观念上的转变。从示范性和影响力考虑，这种转变首先应当从执政党开始，同时注意增强全体人民的法律意识、法治观念。

依法治国对中国共产党传统领导观念的挑战是巨大的，它意味着即使是伟大、光荣、正确的中国共产党对国家的领导也必须是在既定的法律框架下进行并受其约束，在这个问题上解放思想是非常必要的。首先，中国共产党代表了国家民族整体和长远的利益，而依法治国是如此重要以至于它理所当然地应该成为党的首要任务，这与党一贯的为国家人民谋福利的宗旨是相符的。其次，党作为法律制度的主要设计者和建立者，当然会在这个过程中处处从国家和人民的利益出发，从而使法律制度尽可能地符合人民的利益，而在这样的框架下更有利于实现党对国家的领导。①

同时，公民自觉守法、依法维护国家利益和自身权益是依法治国的重要基础。实践的经验说明，如果人们的法律意识和法治观念淡薄，思想政治素质较低，再健全和完善的法律和制度也会因为得不到遵守而形同虚设。因此，我国应当采取多种可行的措施不断更

① 《论依法治国》，豆丁网，http://www.docin.com/p-576959259.html。

加深入地开展普法教育，加强法制宣传，在全民中树立"法律至上""法大于权""法律面前人人平等"的观念，特别是各级领导干部一定要带头学好法律，这既是我们的干部做好工作、提高领导能力和管理水平的需要，也是带领广大人民群众学法、用法和自觉遵守法制的需要。促进全民法律意识的提高是建设社会主义法治国家的必由之路。

　　实现依法治国在观念上的难度远远大于技术上的难度。它意味着原本可以通过快速有效的行政手段解决的问题现在可能要通过繁琐的法律程序进行。党纪不能取代国法，在法庭上政府可能输给平民。所有这些对传统观念的冲击将是巨大的。在党政干部中树立法制观念比在老百姓中间普及法律常识对依法治国更有意义。

　　法律作为建立在经济基础之上的上层建筑必然反映统治阶级的意志，但是它同时又是维持社会正常运转的规则体系，因此理应具有相当大的稳定性，以维护大多数的人利益为宗旨。在社会主义的中国，法制的建设只要本着维护多数人利益的宗旨就足以体现政权的阶级性。正是基于这样的考虑，当今中国的法治建设应当把更多的精力放在为中国社会政治经济的稳定设计一个健全的、能够经得起时间考验的法律框架上，致力于建立能够维护大多数人利益的相对稳定的法律体系。同时执政党的意志可以更多通过政策措施而不是法律来体现，这应该成为实行依法治国时至关重要的一环。①

二、用法治思维和法治方式推进"反腐治权"

　　权力腐败是民主法治的死敌，是建成社会主义法治国家的最大障碍。全面推进依法治国，建设法治中国，深化法制改革，必须把

---

　　① 《论依法治国》，豆丁网，http：//www. docin. com/p－576959259html。

权力放进法律制度的笼子里，用法治思维和法治方式推进反腐治权。一要承认公权力面前的"人性恶"，即面对公权力的巨大诱惑，任何人都不是圣人，都有弱点、缺点和局限，都可能犯错误、滥用权力。实事求是地承认"人性恶"，就不能盲目信任或者放任任何公权力主体，而要建立有效的法律制度和法治机制，把一切公权力放到法律和制度打造的"法网恢恢，疏而不漏"的笼子里，监督制约所有公权力和每一个公权力行使者。二是要以法律控制权力、以制度规范权力、以民主监督权力、以权力和权利制约权力、以道德约束权力，最大限度地减少公权力腐败的机会，最大限度地增加公权力腐败的成本。法治思维下反腐治权的当务之急，就是要尽快从制度和法律上切实解决"谁来监督监督者""谁来监督一把手""谁来监督掌握人财物实权者"的问题。为此，应当认真研究国际上广泛认同的"立法、行政、司法三权分立，相互制衡"机制的合理性，根据我国国情适当引入"锤子、剪刀、布"的循环制约机制。三是不仅要注重反腐治权的"顶层设计"，也要注重从具体的制度、环节、程序和机制入手；不仅要注重对公权力主体的教育、防范和惩治，也要注重对侵蚀公权力的市场行为、经济行为、社会行为等腐败渠道和腐败条件的防范与整治，从各个层面、各个环节、各个领域、各个方面切实堵住产生腐败的制度性、体制性和机制性漏洞，切实从产生腐败的"土壤和温床"上解决问题。应当整合国家反贪资源，合并党和国家的反贪机构，设立党、政、法合一的全国反贪委员会，用法治思维和法治方式解决好"双规"的合法性问题。四是充分发挥司法在反腐治权中的作用，排除各种干预和干扰，切实保证司法机关依法独立行使职权。司法机关要以事实为根据，以法律为准绳，秉公司法，依法严惩各种腐败犯罪。要坚持法律面前人人平等，切实做到"不管涉及什么人，不论权力大小、职位高低，只要触犯党

纪国法，都要严惩不贷".①

第五节　建立健全法律体系，实现司法公正

　　近年来我们在总结法制建设成就时常常提到制定了多少部法律，填补了多少空白，完善了社会主义法律体系。然而令人尴尬的是，虽然新的法律被不断制定出来，但其实施情况却往往不尽如人意，许多法条流于形式。其中司法不力当然是主要的原因，而司法不力的主要原因又是司法不独立。在我国的行政、立法、司法三种权力中，司法权是相对弱小且处于被动地位的。要保持司法的公平公正，司法权必须独立于行政和立法权，这是所有法治国家一致的经验。但是在我国，法院检察院对各级人大负责并接受其领导，其人事任命又最终取决于各级党委。这使它们在司法实践中很难保持独立的立场，地方保护主义、徇私枉法、收受贿赂现象时有发生，司法系统非但没能有效地制止腐败，反而成为腐败的根源之一，主观上固然有原因，客观上司法没有独立的地位也不容忽视。

　　在我国的法制建设中，司法始终是一个薄弱环节。给司法以独立地位是当务之急。我们不必搞三权分立，但将司法权从行政、立法权中独立出来却是保证司法客观公正的必要条件。正如前面提到的，这需要观念上的转变，司法系统不再是政府领导的工具，而是能够独立地执行法律，对社会政治经济各个层面甚至党的领导进行法律监督的机制。这非但不会削弱党的领导，只会有利于改善党的领导。

---

　　① 李林:《中国法治的现状挑战与未来发展》，新视野，2013 年第 1 期，第 13－17 页。

一、全面深化司法体制改革

司法体制改革是中国政治体制改革的重要组成部分，是全面推进依法治国的重大举措，是全面实施宪法和法律的重要基础。应当根据党的十八大精神和全面深化改革的战略部署，结合政治体制改革和全面推进依法治国的新形势和新要求，做好新一轮司法体制改革的顶层设计和科学规划，努力使新一轮司法体制改革切实体现宪法原则和宪法精神的取向，体现法治思维和法治方式的取向，体现尊重司法规律和司法属性的取向。当前深化司法体制改革的重点，是努力解决司法的政治化、行政化、地方化和官僚化问题，树立司法权威和司法公信力，切实保障人民法院、人民检察院依法独立公正行使职权。①

全面深化司法体制改革，一要果断决策，下决心走出"先独立"还是"先公正"的怪圈。目前的两难困境，是"独立"与"公正"孰先孰后两种主张纠缠不清。一种主张认为，之所以司法不公，是因为法院检察院不能实现依法独立行使职权；另一种主张则认为，之所以法院检察院不能依法独立行使审判权检察权，是因为存在司法腐败。这是改革开放以来始终存在的一个很纠结的问题，如不做出决断，深化司法体制改革就不可能有实质性突破。二要根据宪法和法律的规定，运用法治思维和法治方式理顺司法的外部关系，包括司法与党委、司法与政法委、司法与人大、司法与政府、司法与新闻媒体、司法与社会组织等的关系，使司法不仅不受各种权力的干扰，而且不受金钱、人情、关系等的干扰，从司法辖区划分、政法体制机制和人财物等方面确保法院检察院依法独立行使审判权和

---

① 李林：《法治中国建设的宏伟蓝图》，中国司法，2014 年第 1 期，第 12－16 页。

检察权。三要根据宪法和法院检察院组织法、诉讼法等法律的规定，全面改革司法的内部体制，包括法官检察官的选拔、任用、考核和奖惩等，司法活动的规范、评价、监督和问责等，确保法官检察官依法独立行使法定职权，独立履行法律职责，独立承担法律责任。四是针对"信访不信法""信闹不信法"等现象，把涉诉涉法信访全盘纳入法治轨道，充分发挥司法作为解决矛盾纠纷最后一道防线的功能，重建司法终结涉诉涉法矛盾纠纷的良性循环机制，努力构建长治久安的法治秩序。

二、通过法治重构社会公平正义机制

针对当下社会缺乏对"公平正义"（简称"公正"）的基本共识和评判标准的现状，应更加重视通过法治重构社会公正的机制。应当承认，法治社会的公正具有相对的价值属性。这是因为：第一，人们对公正的认识是相对的，多数人认为是公正的，少数人却可能不以为然；一种文化认为是公正的，另一种文化却可能不以为然；此时人们认为是公正的，彼时却可能不以为然；此人认为是公正的，彼人却可能不以为然。第二，利益的矛盾关系往往使法治社会的公正一般只能做到程序上的形式公正，而不能保证事实上的完全公正。程序公正通常是预先设定的。在一个民主和法治的社会中，程序先要经过民众的讨论和多数人的同意，形成分配利益的规则，然后按照规则（法律）面前人人平等的原则，适用程序，具体分配利益。在规则程序形成前，讨论的民主性、讨价还价的可能性、利益表达的多样性等，是它们的主要特征；在规则程序形成后，规则的公开性和普遍性、规则的确定性和抽象性、适用规则的平等性和一致性，构成了它们的主要特征。第三，公正的前提不一定必然导致公正的结果，而不公正的结果可能是由不公正或者公正的前提所致。法治所能作为的，不是试图完全消除这种前提与结果之间的差距，不是直接把法律的公正前提与适用法律的公正结果统一起来。任何法治对于这样的价值目标都将是无能为力的。法治所能做的，是通过程序和规则并用预防和补救的方法来缩小它们的差距。例如，当国家立法保证私有财产的合法性与不可侵犯性时，对于那些无产者和少产者而言，这种规定的不公正在于法律只提供了一种可能性，或者一种很大的可能性，而事实上却是将那些无产者排除在外的；这一规定对于少产者也是存在折扣的。在这种情况下，如果法治要有所作为，就可以通过税收、社会福利、再分配等机制，使国家在保障私有财产权的同时实现社会财富相对共享的结果公正。第四，人们个性的差异和需求的不同，对同样的结果也会有不同的甚至是迥异的认知。因此，法治社会只能保证法律面前人人平等的程序公正，而不能做到人人都满意的结果公正。

法治社会追求的公正是一种相对的公正、程序的公正、规则的公正。法治社会主张事实的公正、结果的公正，但不能保证一定能够实现这种公正；法治社会追求权利的公正、机会的公正、规则的公正、过程的公正、程序的公正，只要全面推进依法治国，切实做到科学立法、严格执行、公正司法和全民守法，做到良法善治和保障人权，就一定能够实现权利、机会、规则、过程和程序的公正。

法治社会追求的公正是具体的、相对的、有法律依据并能够得到法律程序保障救济的公正。在法治社会中，任何人都不应当抽象地主张公正，不应当脱离法律规则去追求公正，更不应当以破坏法治秩序的方式或者损害他人权利的方式去寻求公正的实现。

通过法治重构社会公平正义机制，一要充分发挥法治的功能来重构我国社会公平正义的基本评判体系。法律是体现为国家意志的普遍行为规范，是社会利益的分配器、社会关系的调整器、社会秩序的稳定器，因此应更加重视发挥法治的社会价值评判向导和社会行为模式的基本功能。二要通过公平公正的实体法，合理规定公民的权利与义务、合理分配各种资源和利益、科学配置各类权力与责任，实现实体内容上的分配正义。三要通过民主科学有效的程序法，制定能够充分反映民意并为大多数人接受的程序规则，从程序法上来配置资源、平衡利益、协调矛盾、缓解冲突，实现程序规则上的公平正义。四要在发生矛盾纠纷等利益冲突问题时，尽可能通过包括司法程序在内的各种法治程序、法治机制来解决，实现法治的实体与程序公正，至少是法治程序的公正。[①]

三、促进公正司法

公正是法治的生命线，而司法是维护公正的最后一道防线。习近平在十八届四中全会的讲话中引用了英国哲学家培根的一段名言："一次不公正的审判，其恶果甚至超过十次犯罪。因为犯罪是无视法律，而不公正的审判则是毁坏法律。"

十八届四中全会《决定》着眼于解决制约公正司法的突出问题，围绕着完善司法管理体制和司法权力运行这两条主线，提出了一系列重要改革措施。司法管理体制改革的一个关键问题，是在坚持党对司法工作领导的前提下，完善确保依法独立公正行使审判权和检察权的制度。对有些人一直诟病的党的政法委员会的地位，十八届四中全会明确指出，"政法委员会是党委领导政法工作的组织形式，必须长期坚持"。这里需要解决两个问题。

第一，党怎样实现对司法工作的领导。十八届四中全会《决定》讲了这样几条：

---

① 李林：《更加重视通过法治实现公平正义》，北京日报，2014 年 10 月 13 日。

（1）党委要定期听取司法机关工作汇报。司法机关党组织要建立健全重大事项向党委报告制度。党委要加强和改善对司法改革和司法工作的领导和指导。

（2）党委政法委要把对司法工作的领导的着力点放在把握政治方向、协调各方职能、统筹政法工作、建设法治队伍、督促依法履职、创造公平司法环境上。

（3）司法机关的党组织要坚决贯彻党的理论和路线方针政策，贯彻党委的决策部署，加强司法机关党的建设，在法治建设中充分发挥党组织政治保障作用和党员先锋模范作用。

第二，如何确保司法机关依法独立公正行使审判权和检察权。十八届四中全会《决定》讲了四条：

（1）各级党委政府和领导干部不准干预司法活动，不准插手具体案件的处理。司法机关不得执行党政机关和领导干部违法干预司法活动的要求。为此，要建立领导干部干预司法活动、插手具体案件处理的记录、通报和责任追究制度。对干预司法机关办案的，给予党纪政纪处分，造成严重后果的，依法追究刑事责任。

（2）健全行政机关依法出庭应诉、支持法院受理行政案件、尊重并执行法院生效判决的制度。切实解决民告官立案难、官员不出庭应诉、政府不执行法院判决等问题。

（3）健全司法人员履行法定职责保护机制。非因法定事由、非经法定程序，不得将法官、检察官调离、辞退或做出免职、降职等处分。

（4）省以下法院、检察院的人财物上收到省一级管理，使法院和检察院能更好地独立行使司法权，少受地方党委政府对司法活动的干预和制约。

为进一步促进独立公正司法，十八届四中全会《决定》还提出了两项司法管理体制的重要改革。一个是最高人民法院设立巡回法庭。设立巡回法庭，有利于审判机关重心下移，就地审理跨行政区域重大行政和民商事案件，方便当事人诉讼。同时也有利于最高人民法院集中精力制定司法政策和司法解释，监督指导全国法院审判工作，审理对统一法律适用有重大指导意义的案件。另一个是探索设立跨行政区划的人民法院和人民检察院。由于跨地区案件特别是行政诉讼案件的处理和地方利益有密切联系，导致当地有关部门和领导插手、干预案件处理，造成相关诉讼出现立案难和"主客场"现象，不利于平等保护外地当事人的合法权益。设立跨行政区划的法院、检察院来办理跨地区案件，有利于排除地方保护主义干扰，实现司法的公正、公信和权威。①

---

① 何克亮：《全面推进依法治国的几个重点问题》，理论学习，2015 年第 1 期，第 61－63 页。

第四章

全面推进依法治国在"四个全面"战略中的地位

由习近平同志任起草组组长的十八大报告提出要在党成立 100 周年之时全面建成小康社会；在以习近平为总书记新的党中央引领下，十八届三中全会明确了全面深化改革的总目标与具体部署，十八届四中全会明确了全面推进依法治国的总目标与具体部署；党的群众路线教育实践活动总结大会上，习近平总书记首次提到要全面推进从严治党，2014 年 12 月在江苏考察调研时，第一次将全面从严治党与全面建成小康社会、全面深化改革、全面推进依法治国并列为"四个全面"，从 2014 年 12 月到 2015 年 2 月又先后 11 次阐述"四个全面"战略布局。全面推进依法治国在这"四个全面"中具有至关重要的地位与作用，必须从"四个全面"的大布局中予以把握，正如党的十八届四中全会做出的决定所强调的："全面建成小康社会、实现中华民族伟大复兴的中国梦，全面深化改革、完善和发展中国特色社会主义制度，提高党的执政能力和执政水平，必须全面推进依法治国。"①

全面从严治党是全面建成小康社会、全面深化改革、全面依法

---

① 《中共中央关于全面推进依法治国若干重大问题的决定》（2014 年 10 月 23 日中国共产党第十八届中央委员会第四次全体会议通过）。

治国的根本政治保证。办好中国的事情，关键在党。中国共产党作为一个拥有 8800 多万党员、在一个 13 亿多人口的大国执政的马克思主义政党，其所具有的凝聚力和战斗力，直接关系到党的前途命运；其所展现的形象和作风，直接关系到党的执政地位能否长期巩固。中国共产党的执政地位，是历史的选择和人民的选择，但并非是一劳永逸的。要想长期执政，党就要始终保持自身的先进性和纯洁性，始终保持与人民群众的血肉联系，始终保持从严治党的高压态势。全面从严治党的战略思想，既体现了党中央领导集体对当前党的建设形势的高度警醒，也体现了其对自身所肩负责任的使命担当，标志着党对新形势下党的建设规律、治国理政规律的认识提高到了新的境界。中央推出八项规定和开展群众路线教育实践活动的实践表明，全面从严治党既体现了治标与治本的统一，也体现了自律和他律的统一，既关系到全面建成小康社会目标能否顺利实现，又关系到全面深化改革和全面依法治国战略能否顺利推行，是协调推进"四个全面"战略布局之灵魂，它与其他三个"全面"从整体上构成了中国特色社会主义事业发展与党的建设新的伟大工程的辩证统一关系。只有坚持全面从严治党，才能为协调推进"四个全面"提供政治保证，才能为实现"两个一百年"奋斗目标凝聚力量。

"四个全面"的战略思想，相辅相成、相互照应、相得益彰，共同构成了密不可分的统一整体。这种整体性，不仅体现在这"四个全面"统一于现阶段中国共产党治国理政的全过程，还体现在每一个"全面"都是整体与局部的统一、全面与重点的统一、目标与手段的统一、长期性与阶段性的统一。

第一节　全面推进依法治国与"四个全面"的辩证关系

协调推进"四个全面"，既是一个重大的实践命题，又是一个深刻的理论命题，它是新时期引领我们党领导人民治国理政的重要战略布局，是深刻领会习近平总书记系列重要讲话精神的思想总纲，它既坚持了马克思主义的基本立场、方法和观点，闪耀着辩证唯物主义和历史唯物主义的理论光辉，又结合新时期改革开放的新形势，提出了新目标新举措新要求，具有严密的内在逻辑关联和重大的实践指导意义，是马克思主义中国化的最新理论成果。

一、"四个全面"凸显了全面依法治国的全局意义

正如习近平总书记指出的："四个全面"战略布局，既有战略目标，也有战略举措，每一个"全面"都具有重大战略意义。全面建成小康社会是我们的战略目标，全面深化改革、全面依法治国、全面从严治党是三大战略举措。要把全面依法治国放在"四个全面"的战略布局中来把握，深刻认识全面依法治国同其他三个"全面"的关系，努力做到"四个全面"相辅相成、相互促进、相得益彰。[①]三大战略举措犹如鼎之三足，卓然而立，三者紧紧围绕全面建成小康社会这一战略目标，协同推进中国特色社会主义伟大事业，共同为更好更快实现"两个一百年"奋斗目标，为实现中华民族伟大复兴的中国梦奠定扎实基础。"四个全面"缺一不可，一个都不能少，

[①]　习近平：《领导干部要做尊法学法守法用法的模范　带动全党全国共同全面推进依法治国》，人民日报，2015 年 2 月 3 日。

必须坚持协调推进，实现全面开花，这就凸显了全面依法治国之于整个战略布局的全局意义。

加强社会主义法治建设，是我们党总结新中国成立以来社会主义革命、建设、改革正反两方面历史经验得出的一个基本结论。在"四个全面"的战略布局中定位法治建设，把依法治国提到了一个新的事关全局的高度。党的十一届三中全会提出要"扩大社会主义民主、健全社会主义法制"，强调"为了保障人民民主，必须加强法制。必须使民主制度化、法律化，使这种制度和法律不因领导人的改变而改变，不因领导人的看法和注意力的改变而改变"。① 党的十五大首次提出并确立了依法治国基本战略，1999 年正式将"依法治国，建设社会主义法治国家"写入宪法修正案。党的十六大以来，我们党提出"依法执政是新的历史条件下党执政的一个基本方式"，强调把坚持党的领导、人民当家作主和依法治国有机统一起来。党的十八大以来，以习近平同志为核心的党中央审时度势，提出"依法治国是党领导人民治理国家的基本方略，法治是治国理政的基本方式，要更加注重发挥法治在国家治理和社会管理中的重要作用"，强调"依法治国，首先是依宪治国；依法执政，关键是依宪执政。新形势下，我们党要履行好执政兴国的重大职责，必须依据党章从严治党、依据宪法治国理政"。② 党的十八届三中全会首次用独立章节部署"加强法治中国建设"，党的十八届四中全会提出了全面推进依法治国的目标、任务和举措，至 2014 年 12 月习近平总书记在江苏调研时首次提出协调推进"四个全面"，"全面依法治国"有其一，当前依法治国正呈现出在总目标、工作布局、工作要求、改革

---

① 《邓小平文选》第 2 卷，人民出版社，1994 年版，第 141 页。
② 习近平：《在首都各界纪念现行宪法公布施行 30 周年大会上的讲话》，人民出版社，2012 年版，第 11 页。

领域等全方位、立体式推进的鲜明特征。

二、全面依法治国丰富了"四个全面"的实践内涵

"四个全面"是新时期我们党治国理政的重要战略布局和思想理论武器，全面依法治国在其中，既有实践上的全局意义，又有理论上的思想贡献。全面依法治国，既是全面建成小康社会的有力保障，又为小康社会的科学内涵增添学理养分。全面建成小康社会，既离不开经济社会发展的物质丰富，又离不开中国特色社会主义的制度丰养，更离不开包括中国传统文化要素在内的社会主义文化的精神丰满。全面建成小康社会必然体现为物质、制度、精神三维形式的成果呈现，中华民族伟大复兴中国梦的实现必然展现出全体中国人民对于中国特色社会主义道路、制度、理论的饱满自信。[①]

全面依法治国和全面深化改革作为全面建成小康社会的"鸟之两翼""车之两轮"，内在要求相互支持、相互促进。全面依法治国对于全面深化改革的意义，主要体现为推动改革方式由主要奉行"摸着石头过河"向注重顶层设计和整体谋划转变，推动改革动力由主要依靠投资、出口、消费等要素驱动转向创新驱动，推动改革的实践由主要强调法治保障转向必须坚持法治的引领和推动作用，强调"所有改革必须于法有据"。事实上，科学的制度本身内在就具有整体性特征和体系化要求，顶层设计和整体谋划的关键是设计和谋划好制度；新常态发展的本质在强化制度供给和推动技术创新，而强调"所有改革于法有据"关键是在法定的权限范围内、在法定的程序轨道上、在法定的责任约束前去推进改革创新，不能再用"干了再说"、以结果反证手段的老套路，不能不顾及改革的制度成本和

制度收益。

最后，全面推进依法治国为新时期提升党的执政能力和水平，推动党的建设制度化水平，为全面从严治党的实现提供了强有力的思想支撑和技术支持。法治的本义就是"规则之治"，就是通过明确公开、平等适用的规则约束权力，① 强调由制度而非人格确保政治组织和政治行为的合法性。全面从严治党关键是依法依规治党管党，强调形成完备的党内法规体系，通过全体党员无例外地守纪律讲规矩彰显党章党规的权威。

三、抓住全面依法治国的三个基本依循

"四个全面"与依法治国的辩证关系，要求我们必须在"四个全面"的战略布局中全面推进依法治国。"四个全面"战略布局犹如依法治国的思想之锚、行动之尺，标明和检视了社会主义法治建设实践的政治方向。

1. 全面依法治国必须坚持"党的领导"的根本立场

党的领导与依法治国的关系是社会主义法治的根本问题。党的十八届四中全会的重大贡献之一就是回答了这一理论命题，提出了"党的领导与依法治国是统一的"鲜明论断，强调"党的领导是社会主义法治的本质特征"，"党的领导是社会主义法治的根本保障"，必须把党的领导贯穿社会主义法治的全过程、各方面。② 习近平总书记在 2015 年省部级主要领导干部学习贯彻党的十八届四中全会精神、全面推进依法治国专题研讨班上重申了"社会主义法治必须坚

---

① 褚国建：《改革、治理与法治——习近平法治思想初探》，中共浙江省委党校学报，2014 年第 6 期。

② 习近平：《关于〈中共中央关于全面推进依法治国若干重大问题的决定〉的说明》，人民日报，2014 年 10 月 29 日。

持党的领导，党的领导必须依靠社会主义法治"，有力地驳斥了"党大还是法大"这一伪命题，强调"纵观人类政治文明史，权力是一把双刃剑，在法治轨道上行使可以造福人民，在法律之外行使则必然祸害国家和人民"，"权大还是法大则是一个真命题"，社会主义法治建设的关键就是要把权力关进制度的笼子里，就是要依法设定权力、规范权力、制约权力、监督权力。①

全面依法治国必须坚持"党的领导"的根本立场，不仅要坚持"党的领导与社会主义法治是统一的"理论主张，同时更要在实践上坚持加强和改进党对依法治国的领导，做到"三个统一""四个善于"。"三个统一"即必须把依法治国基本方略同依法执政基本方式统一起来，把党总揽全局、协调各方同人大、政府、政协、审判机关、检察机关依法依章程履行职能、开展工作统一起来，把党领导人民制定和实施宪法法律同党坚持在宪法法律范围内活动统一起来。"四个善于"即善于使党的主张通过法定程序成为国家意志，善于使党组织推荐的人选通过法定程序成为国家政权机关的领导人员，善于通过国家政权机关实施党对国家和社会的领导，善于运用民主集中制原则维护中央权威、维护全党全国团结统一。社会主义法治建设既是一项系统工程，也是一项长期工程，需要全党上下齐心协力，既不回避问题，也不逃避责任，力求在全面推进依法治国的进程中努力实现理论与实践的统一。

2. 全面依法治国必须贯彻"国家治理现代化"的核心理念

国家治理体系和治理能力现代化，既是党的十八大报告的核心字眼，是理论创新所在，亦是全面深化"五位一体"改革，完善和

---

① 习近平：《领导干部要做尊法学法守法用法的模范 带动全党全国共同全面推进依法治国》，人民日报，2015年2月3日。

发展中国特色社会主义制度的目标所在。习近平总书记指出："国家
治理体系和治理能力是一个国家的制度和制度执行能力的集中体现，
两者相辅相成。"① 党的十八大报告也提出："必须以更大的政治勇
气和智慧，不失时机深化重要领域改革，坚决破除一切妨碍科学发
展的思想观念和体制机制弊端，构建系统完备、科学规范、运行有
效的制度体系，使各方面制度更加成熟更加定型。"可见，制度完备
程度和制度执行力度是衡量一个国家治理现代化水平的重要标志。
全面推进依法治国必须贯彻国家治理现代化这一核心理念，在构建
完备的制度体系和高效的运行机制两个主要环节上做文章，扎紧制
度的"口子"、磨利制度的"牙齿"，真正把权力关进制度的笼子。

　　一般认为，衡量一个国家制度完备程度的理想性标准包括内容
上实现对社会生活的各个领域、各种关系的全覆盖，逻辑上实现制
度与制度之间、制度内部各条文之间的文字上无矛盾、效力上无冲
突，价值上实现不同政策、原则、标准之间的融贯协调。应当说，
经过改革开放以来三十多年的立法实践，我国已建成具有中国特色
的社会主义法律体系，"有法可依"的目标已基本实现。然而，由于
我国立法过程中存在的部门利益主义、地方保护主义等不良倾向，
客观上造成我国现有法律体系存在着立法内容上有漏洞、不同法律
形式间存在效力冲突、不同法律条文之间相互打架等问题，同时立
法指导思想上强调"宜粗不宜细""成熟一个制定一个"等导向也
需要随着当前形势的发展加以改变，实现与时俱进。对此，党的十
八届四中全会《决定》强调要发挥立法的引领和推动作用，确立以
人大为主导的立法机制，通过加强常委会专门委员会、工作委员会

---

① 习近平：《完善和发展中国特色社会主义制度　推进国家治理体系和治理能力现
代化》，人民日报，2014 年 2 月 18 日。

建设，扩大人大代表参与立法，将所有规范性文件纳入备案审查范围等举措，不断提升立法质量，应当说是切中了当下立法要害。在提升制度体系质量的同时，十分重要的一点，就是要保持法治决策与改革决策的同步，坚持所有改革于法有据，围绕经济、政治、社会、文化、生态"五位一体"的改革实践推进重点领域立法，完善社会主义的法律制度体系，真正将社会生活的各个领域、各种关系纳入制度化、规范化、程序化的轨道，提高各项改革成果的制度转化率和实践指导力。

3. 全面依法治国必须围绕"建设中国特色社会主义法治体系"的总目标总抓手

提出并部署了全面推进依法治国的总目标、总抓手，是党的十八届四中全会在实践上的重大贡献。建设中国特色社会主义法治体系，既是我们党在建成社会主义法律体系，基本解决"有法可依"之后的实践推进要求，同时也是我们运用国家治理现代化的全新理念，总结社会主义法治运行现实和发展要求后提炼的一个理论概念和实践目标。具体而言，建设中国特色社会主义法治体系，就是"在中国共产党领导下，坚持中国特色社会主义制度，贯彻中国特色社会主义法治理论，形成完备的法律规范体系、高效的法治实施体系、严密的法治监督体系、有力的法治保障体系，形成完善的党内法规体系，坚持依法治国、依法执政、依法行政共同推进，坚持法治国家、法治政府、法治社会一体建设，实现科学立法、严格执法、公正司法、全民守法，促进国家治理体系和治理能力现代化"。① 其中，"形成五大体系"是发展目标，"三个共同推进、三个一体建

---

① 《中国共产党第十八届中央委员会第四次全体会议公报》（2014 年 10 月 23 日中国共产党第十八届中央委员会第四次全体会议通过）。

设"是发展路径，"科学立法、严格执法、公正司法、全民守法"
则是发展要求，从而与坚定不移走中国特色法治道路一道构成了全
面依法治国的科学推进体系。

　　法治体系是国家治理体系的关键一环。制度有正式与非正式之
分，有价值、规范和组织等不同维度，法律是正式的制度、成文的
规范，但是其中内含着制度形成主体的价值追求，要求以一定的体
制机制加以组织实施，因此，一个国家的制度内容及其运行方式，
归根到底反映了这个国家的主流价值观念和现实政治体制特征。我
国社会主义法律制度一方面凝聚了社会主义核心价值的理想追求，
反映了凝结在法律规范中的党和人民的共同意志，突出强调了公平
正义的核心价值，另一方面则必然要求在"党领导人民依法治国"
的现实政治格局中加以组织实施。应当说，社会主义法治体系的设
计，很好地体现了我们党在完善和发展社会主义制度，促进国家治
理体系和治理能力现代化上的实践主张。其中，"完备的法律规范体
系"和"完善的党内法规体系"既实现了把党的事务和国家事务一
体纳入法制轨道的一般性要求，又凸显了我们党提高党的建设制度
化水平的时代新追求；同时，完备的规范、高效的实施、严密的监
督和有力的保障四个环节，则反映了我们党关于社会主义法治运行
的理论理解与实践主张，这就划清了与强调立法、行政、司法"三
权分立"的西方资本主义法治体系的本质区别。①

　　总之，在"四个全面"战略布局中把握全面推进依法治国，首
先必须紧紧抓住这三个基本依循，这既体现了党的十八大以来以习
近平同志为核心的党中央在推进社会主义法治建设既有理念上的创
新、原则上的坚守，又确立了新的发展总目标与工作总抓手，从而

----

①　栗战书：《坚持走中国特色社会主义法治道路》，人民日报，2014 年 11 月 10 日。

为全国人民描绘出一幅崭新的法治宏伟蓝图。①

第二节　全面推进依法治国，
为全面建成小康社会提供法治保障

　　全面建成小康社会，是我们党从我国新的实际和人民新的期待出发，在党的十八大提出到 2020 年也就是习近平总书记强调指出的要到中国共产党建党 100 周年之时所要实现的宏伟目标，在经济建设、政治建设、文化建设、社会建设、生态建设等领域提出了新要求。党的十八届四中全会做出的全面推进依法治国的决定，其实也早在十八大报告中就用了很大的篇幅进行部署，两次会议都强调了全面推进依法治国作为全面建成小康社会应有之义的地位，突出了全面推进依法治国在建成全面小康进程中的法治保障作用。

一、全面推进依法治国是全面建成小康社会的题中应有之义

　　全面建成小康社会的提出本身就是对前一阶段低水平、不全面、不平衡小康的完善与超越，更加注重整体性、协调性，不只是要求经济小康，而且包括各领域各种指标的实现。也就是说，建成的小康社会，要求实现"经济持续健康发展、人民民主不断扩大、文化软实力显著增强、人民生活水平全面提高、资源节约型、环境友好型社会建设取得重大进展"，② 实现"五位一体"的新布局协调推

---

① 褚国建：《在"四个全面"战略布局中把握依法治国的全局意义与全面要求》，观察与思考，2015 年第 5 期，第 26 – 30 页。
② 《坚定不移沿着中国特色社会主义道路前进为全面建成小康社会而奋斗》（2012年 11 月 8 日）。

进，等等。而全面推进依法治国，也正是这其中的重要内容与题中应有之义。改革开放初期，为了实现经济社会发展，我们党反思国际国内经验教训，深刻认识到依靠民主法制治理国家的重要性，重建并发展了法治。党的十五大确定依法治国为基本方略，随后载入宪法，并围绕社会主义市场经济建设，出台了多部法律。党的十六大做出全面建设小康社会的决定，并把建设法治国家作为基本目标之一。十六大以后，坚持科学发展，基本形成中国特色社会主义法治体系。

党的十八大和十八届四中全会，都对作为全面建成小康社会目标的全面推进依法治国作了重要阐述，更加突出了全面推进依法治国的重要地位。在政治建设目标上，提出更加全面落实依法治国基本方略，着力建成法治体系、法治国家、法治政府、法治社会，不断提高司法公信力，促进实现科学立法、严格执法、公正司法、全民守法，切实尊重和保障人权，而且强调党不但要领导宪法法律制定、实施等，还要依宪执政、依法执政；在经济建设、社会建设、生态建设等目标上，强调加强立法执法司法守法；在文化建设目标上，将"法治"作为社会层面的社会主义核心价值观，并积极培育与践行；在党的建设目标上，加强党内法规建设，提升党的执政能力与执政水平。

二、全面推进依法治国为全面建成小康社会提供法治保障

我国是一个幅员辽阔、各方面发展不够平衡协调的国家，尽管改革开放以来经济社会有了大发展，但是现阶段国际压力加强、国内矛盾丛生，政治诉求、经济发展、利益格局、社会结构、思想文化观念、生态环境等都面临着深刻变革。而全面建成小康社会这样一个宏伟的目标，到 2020 年倒计时只有短短几年时间，现已进入攻坚期、决定性阶段，要完成十八大在各领域提出的要求，必须要靠法治来予以保障，从而更好地"统筹社会力量、平衡社会利益、调节社会关系、规范社会行为"。① 政治建设方面，公民的权利意识逐渐觉醒，党和国家面对不同阶层群众的参与诉求，应重新调整国家、社会、公民三者之间的关系，治理腐败，扩大公民有序参与，需要全面推进依法治国来保证；经济建设上，经济发展步入新常态，呼唤法治在经济发展方式转变、经济体制改革与经济结构调整等问题上发挥作用；在思想文化建设上，思想观念日益多样化，使得培育社会主义核心价值观，健全文化管理体制、文化产品生产经营机制与现代文化市场体系，不能离开法治；社会建设方面，需要法治在治理群体性事件，服务非公有制经济、社会组织团体的发展上，提供强有力的保障；生态文明建设上，需要法治保证资源的合理利用、环境的有效保护。这样才能保证全面建成小康社会在各领域的宏伟目标顺利、稳妥地得到实现。

三、全面推进依法治国是全面建成小康社会的重要内容和支撑

党的十八大报告在明晰全面建成小康社会的目标时指出，其中之一就是"依法治国基本方略全面落实，法治政府基本建成，司法公信力不断提高，人权得到切实尊重和保障"。② 这说明，全面推进依法治国是全面建成小康社会的重要组成部分，依法治国是全面小康的重要内涵构成、题中应有之义。不止于此，全面推进依法治国不仅是全面建成小康社会的内容构成，同时还是全面建成小康社会

---

① 《坚定不移沿着中国特色社会主义道路前进为全面建成小康社会而奋斗》（2012年 11 月 8 日）。

② 《中国共产党第十八次全国代表大会文件汇编》，人民出版社，2012 年版，第 16页。

的重要支撑。党的十八届四中全会指出："全面建成小康社会、实现中华民族伟大复兴的中国梦，全面深化改革、完善和发展中国特色社会主义制度，提高党的执政能力和执政水平，必须全面推进依法治国。"① 这表明，依法治国是全面建成小康社会的重要支柱、基础要件，如果不能全面推进依法治国，那么，全面建成小康社会就会因法治保障缺失而出现缺损。

第三节　全面推进依法治国，为全面深化改革提供法理依据

党的十八大报告基于"两个一百年"即全面建成小康社会和社会主义现代化与实现中华民族伟大复兴的中国梦理想，对全面深化改革与全面推进依法治国都提出了新要求。党的十八届三中全会做出了全面深化改革的决定，同时明确提出要依靠建设法治中国推动各项改革任务，为改革提供法理依据；党的十八届四中全会通过了全面推进依法治国的决定，又强调法治要与改革同行。因此，两者都是党的十八大报告精神的深刻体现，是实现"两个一百年"奋斗目标的"姊妹篇"，作用上相辅相成，相互促进。

一、全面深化改革与全面推进依法治国是实现两个一百年目标的"姊妹篇"

从全面建成小康社会，到全面深化改革，再到全面推进依法治国，新一届党中央的战略部署环环相扣。全面深化改革立足现阶段

---

① 《中国共产党第十八届中央委员会第四次全体会议文件汇编》，人民出版社，2014年版，第14页。

面临的重大问题与矛盾，以改革为手段，着力打破不适应经济社会发展的思想观念和体制机制，促进中国特色社会主义制度完善与定型，实现社会主义国家治理体系与治理能力现代化。党的十一届三中全会以来，我们党解放思想、实事求是地对内改革体制，发展民主与法治，对内对外开放，使中国特色社会主义发展、创新动力持续迸发，生机勃勃。全面推进依法治国，则是以法治手段巩固经济社会发展成果，确保全面深化改革在法治轨道上，保证社会主义事业发展充满活力又井然有序；党的十一届三中全会以来，我们不断推进社会主义法治，为党和国家及人民的各项事业提供着法治保障。因此，全面深化改革是发展的持久动力、全面推进依法治国是发展的坚强保障，都是发展中国特色社会主义事业的手段、方法与措施，两者是"姊妹篇"，[①] 相辅相成、相互推动，致力于解放和发展社会主义生产力、提高我们国家的综合国力、改善人民群众的生活水平，统一于"两个一百年"的理想目标追求。

二、全面推进依法治国为全面深化改革提供法理依据

正因为全面深化改革与全面推进依法治国相辅相成、相互推动，所以全面深化改革需要全面推进依法治国提供法理依据，使全面深化改革的各项任务有法可依，促进全面深化改革的稳定化、法治化、程序化。党的十一届三中全会之后的一段时期，我们强调改革中胆子大一点、步子快一点，对于解放思想、冲破束缚的思想和僵化的制度体制、加快改革开放很有必要，但在一定程度上也产生了挑战法律底线、法治贯彻落实不足的不良倾向，反过来又制约了有效、

---

① 《解读：习近平为啥说四中、三中全会决定是姊妹篇》，人民网时政频道，2014年10月28日。

稳定、规范地推进改革。经过三十多年的发展，国际压力加大，国内形成部分复杂的利益集团，遇到的阻力愈来愈大，深化改革的任务进入深水区、攻坚区，面临的环境已经不比改革初期，要突破经济利益固化藩篱、保护公民合法权益、厘清政府权力与市场边界、形成改革观念共识，必须依靠全面推进依法治国。

党的十八届三中全会做出的决定在第九部分特别强调推进法治中国建设对于全面深化改革的意义。党的十八届四中全会也要求实现法治与改革同行，致力于使各项改革于法有据，不脱离法治轨道。首先，改革怎么改、改什么，都需要法治提供合法性、程序性规定，不能瞎折腾、不能不依法。也就是说改革过程中遭遇的问题、挑战与风险必须依法解决，"该先得到法律授权的不要超前推进"，[1] 以便形成良好的法治环境，保证改革方向的正当性、改革行为的合乎规范性，使得改革成果得到巩固。此外，随着改革的推进，法律也很有必要具有前瞻性、超前性。应当适时对一些不利于改革的规范做出完善、修改甚至废止，加快对一些缺乏规范、存在法律空白的领域予以立法，还应该及时把经过实践检验的正确改革经验上升为法律，从而防止改革的随意性与自由性。因此，只有做到"法无授权不可为，法定责任必须为"，才能更好地完成全面深化改革的任务，更好地服务"两个一百年"的奋斗目标。[2]

三、全面推进依法治国是全面深化改革的强大后盾、可靠保障

党的十八届四中全会指出："依法治国，是坚持和发展中国特色

---

① 中共中央文献研究室编，《习近平关于全面深化改革论述摘编》，中央文献出版社，2014 年版。

② 韩建旭：《论全面推进依法治国在"四个全面"中的地位与作用》，福州党校学报，2015 年第 2 期，第 40－43 页。

社会主义的本质要求和重要保障，是实现国家治理体系和治理能力现代化的必然要求，事关我们党执政兴国，事关人民幸福安康，事关党和国家长治久安。"① 在此，十八届四中全会将依法治国的重要价值之一定位为实现国家治理体系和治理能力现代化的必然要求，这就与全面深化改革有机地联系起来。因为众所周知，国家治理体系和治理能力现代化，恰恰是全面深化改革的总目标。在这个意义上，全面推进依法治国是实现全面深化改革总目标的必然要求，是全面深化改革总目标实现的法治保障、坚强后盾。

1980 年 8 月 18 日，邓小平在《党和国家领导制度的改革》中深刻指出："我们过去发生的各种错误，固然与某些领导人的思想、作风有关，但是组织制度、工作制度方面的问题更重要。这方面的制度好可以使坏人无法任意横行，制度不好可以使好人无法充分做好事，甚至会走向反面。……不是说个人没有责任，而是说领导制度、组织制度问题更带有根本性、全局性、稳定性和长期性。这种制度问题，关系到党和国家是否改变颜色，必须引起全党的高度重视。"② 这段经典论述突出强调了制度建设的重要性，从广义上看，则是阐明了制度，法治的重要性。当前全面深化改革进程要顺利推进、全面深化改革的成果要固定下来，都必须在法治的轨道上运行，都必须以法律、制度的形式加以规范和固化。否则，全面深化改革的成果很容易因为领导人的改变而改变、因为领导人看法和注意力的改变而改变。而以法律、制度的形式规范改革进程、固化改革成果，实质上就是要将全面推进依法治国贯穿到全面深化改革的始终，使依法治国成为全面深化改革的保驾护航者。

---

① 《中国共产党第十八届中央委员会第四次全体会议文件汇编》，人民出版社，2014 年版，第 17 – 18 页。
② 《邓小平文选》第 2 卷，人民出版社，1994 年版，第 333 页。

第四节　全面推进依法治国，为全面从严治党打牢法治基础

全面从严治党是习近平总书记在党的群众路线教育实践活动总结大会上首次提出的，2014年12月习近平总书记在江苏调研时把全面从严治党与全面建成小康社会、全面深化改革、全面推进依法治国并列为"四个全面"。全面从严治党主要着眼于提高党的执政水平与执政能力，而提升执政水平与能力又是十八届四中全会对法治提出的新要求。

一、全面推进依法治国是全面从严治党的必然要求

全面推进依法治国是全面从严治党的必然要求，从本质上来说这是由中国共产党的性质与地位决定的。党是工人阶级和各族人民的先进代表，是中国特色社会主义事业的领导核心，是社会主义中国处在执政地位的马克思主义政党。也就是说中国的事情关键在党，党能否管理好、治理好自己，关系人民群众的重托、关系党的使命、关系国家的前途。因此就必须坚持"党要管党、从严治党"，提出全面从严治党的新要求就很好地体现了这一原则。全面建成小康社会、全面深化改革的今天，党和国家面临国内外诸多考验、危险与风险，管理治理一个拥有几千万党员的政党会牵涉到不同的主体，涉及复杂多样的关系，决定了全面从严管党治党的深刻性、艰巨性，这就需要"法治"——现代国家治理和政党治理之重器——来保证管理治理党的有效性与有序性。党的十八届四中全会是第一次专门讨论法治的全会，表明党深刻认识到了法治在今日中国的极端重要性，它强调指出依法治国是党和人民治理国家的基本方略，依法执政是

党治国理政的基本方式，从而实现着党的领导方式、执政方式的重大变革，提高着党的执政能力与执政水平。相应地，这就内在地要求我们党要依据国法、按照党规管党治党，以便更加有序有效地实现全面从严治党的任务与目标。

二、全面推进依法治国为全面从严治党打牢法治基础

全面从严治党，具体来讲就是指在党中央与各级组织配合下，发挥群众监督作用，统筹推进党的建设；它以严格管理、严格监督党员干部为重点，并涵盖思想、组织、作风、反腐倡廉和制度等各个领域。新常态下，习近平总书记对全面从严治党提出了八点要求，其中制度治党、规则治党尤其受到习近平总书记的重视。① 因为只有实现管党治党制度化、规则化，才能保证其有序性、有效性。国家宪法和法律具有规范性、稳定性，对主体的行为或活动作了既定标准，一定时期维持不变；具有普遍性、强制性，适用于国家范围内的任何主体，法律面前人人平等。十八届四中全会做出的全面推进依法治国总目标与具体部署更加强调规范地实施宪法法律，这就为全面从严治党提供了更加坚实的法治基础与制度化保证。

全面推进依法治国，重视宪法的根本法作用，加强宪法和法律的实施，增强全民法治观念，促进科学立法、严格执法、公正司法、全民守法，建设社会主义法治国家，这就为从严治党提供了基础、指明了方向。也就是说，全面管党治党必须遵循国家宪法和法律。党内纪律、党内法规的制定必须要以国家宪法法律为准则，必须认真、严肃地纠正同宪法和法律相冲突、相背离的党内法规和规范性文件，完善党内法规体系，增强党纪党规的规范性、科学性。严格

---

① 习近平：《在党的群众路线教育实践活动总结大会上的讲话》，人民日报，2014年10月9日。

管理、严格监督党员干部，限制权力、约束权力，同样不能逾越宪法和法律的鸿沟。这就要求坚持在党纪国法面前任何层级的党员干部都是平等的，只要违法违规就必须做到公平公正处理，树立党纪国法的权威，保持党的先进性与纯洁性，促进全面从严治党常态化、制度化。另外，全面推进依法治国决定还为党员干部遵纪守法提供了法治环境与基础。十八届四中全会强调，要积极建设法制工作队伍，加强宪法法律的宣传与普及教育，不断开展一系列法治活动，增强人民群众法治观念、法治思维，促进全体人民在言行上恪守宪法法律，维护宪法法律权威。这些举措一方面促进广大党员干部学法、遵法、守法，另一方面又能够为党员干部遵守党内纪律与党内法规制度提供法治土壤，有助于提高党员干部利用法治思维、法治观念与制度意识想问题、办事情的能力，减少权力寻租、权力滥用与权力腐败的发生，提高党的执政能力与执政水平，巩固党的执政地位。

三、全面推进依法治国是全面提高党的建设科学化水平的倒逼机制

全面推进依法治国必须坚持党的领导，必然要求全面提高党的建设科学化水平。党的十八届四中全会指出："党的领导是中国特色社会主义最本质的特征，是社会主义法治最根本的保证。把党的领导贯彻到依法治国全过程和各方面，是我国社会主义法治建设的一条基本经验。"① 十八届四中全会进一步指出："党的领导和社会主义法治是一致的，社会主义法治必须坚持党的领导，党的领导必须依靠社会主义法治。只有在党的领导下依法治国、厉行法治，人民当家作主才能充分实现，国家和社会生活法治化才能有序推进。"② 既然全面

---

① 《中国共产党第十八届中央委员会第四次全体会议文件汇编》，人民出版社，2014 年版，第 21 – 22 页。
② 《中国共产党第十八届中央委员会第四次全体会议文件汇编》，人民出版社，2014 年版，第 21 – 22 页。

推进依法治国必须坚持党的领导，党就必须顺应全面推进依法治国的新要求不断强化自我约束、自我锻炼、自我提升的能力。为此，客观上就要求必须坚持党要管党、从严治党、依法治党，强化党规党法的约束力、坚持党规党纪严于国家法律，提高全党的法治思维和驾驭法治建设的能力，自觉做到在宪法法律范围内活动，顺应依法执政的要求，以依法治党为抓手全面提高党的建设科学化水平。

第五节 落实依法治国的"全面"要求，解决好系统性、协调性问题

当前，新时期社会主义法治建设的蓝图已经绘就，关键是抓落实，把理想变成现实。党的十八届四中全会《决定》确定了190项举措，涉及科学立法、严格执法、公正司法、全民守法和加强依法治国的队伍建设和党的领导方方面面，要在"四个全面"战略布局中落实这些举措，必须突出法治建设的"全面"要求，解决好系统性和协调性问题。

一、全面推进依法治国的根本保证

把坚持党的领导、坚持法治的社会主义方向，作为全面推进依法治国的根本保证。法治建设不只是各法治部门一家之事，而是关系到国家治理能力整体提升的全局之事，法治建设的成效不只关系公民权益保障、社会和谐稳定，更关系到改革开放的事业全局。因此，必须处理好党委统一领导和各方协同推进的关系问题。突出党委对于法治建设的主体责任，确立党委书记是法治建设第一责任人的制度，更好地发挥党总揽全局、协调各方作用，要把党委研究法

治工作、定时听取各法治部门对于法治工作的意见和建议纳入法制化的轨道，形成完善的制度和有效的机制，凡属重大的立法、行政、政法决策必须通过党组向上级党委报告，由上级党委批准。同时，要注重改进党的领导方式和执政方式，支持并切实保障各政权机关、人民团体依照宪法法律和章程独立履行职能，既体现党委领导的政治优势，又发挥法治部门的专业优势。

二、全面推进依法治国的出发点和落脚点

把尊重和保障公民合法权益，促进社会公平正义，作为全面推进依法治国的出发点和落脚点。当前我国社会整体上已进入利益分化、价值多元的发展新阶段，要使制定的法律和执行的制度真正能够代表主流民意，同时兼顾少数人群的差异性观点和个性化要求。既要尊重人民群众的合理利益关切，积极维护公民在经济、政治、文化、社会各方面权益，切实保障公民个体的知情权、表达权、参与权和监督权，自觉接受人民群众的监督，又要重视围绕最大限度地求取不同利益群体在整体社会公平正义上的最大共识，研究、建立科学的民意表达、优化和整合机制，解决好公民主观权利与社会整体正义、人民"众意"和社会"公意"之间的关系问题。与西方法治发展经过漫长的历史演进，逐步实现了法治的政治基础由精英民主向全民民主转换不同，我国的社会主义法治建设从一开始就强调要把扩大民主与健全法制结合起来考虑，党的十六大以来又把加强民生法制建设摆到突出的发展要求中来，我国法治建设必然面临更多的协调个人与集体、效率与公平、利益与价值之间关系的挑战。

三、全面推进依法治国的实践重点

把尊重宪法和法律的权威，深化行政体制改革与司法体制改革，

作为全面推进依法治国的实践重点。深化行政管理体制改革在全面依法治国中具有"中轴"地位和联动作用，司法体制改革则是全面依法治国的"重头戏"。要联系党的十八届三中全会关于"发挥市场在资源配置中的决定性作用，更好地发挥政府作用"的定位，以权力清单建设和责任清单建设为抓手，推进以"简政放权"为核心的行政管理体制改革，推动政府职能转变，真正使行政改革成为解放市场潜力、激发社会活力的强劲推动力；同时，要积极落实中央关于加快行政执法体制改革和深化司法体制改革的各项举措，综合把握行政改革的"下放"趋势与司法改革的"统筹"目标，避免行政改革再次陷入"一放就乱、一收就死"的怪圈，通过推进行政职权、主体、程序、职责法定化的事前"管束"与强化依法独立公正司法的事后监督，管住"任性"的权力，处理好市场与政府、行政与司法的关系。①

四、全面推进依法治国的工作主线

把强化权力运行的监督制约，作为全面推进依法治国的工作主线。要实现把权力关进制度笼子的法治建设目标，必须坚持权责法定原则，科学配置和依法规范各级各部门职责权限，做到权力授予有据、行使有规、监督有效。同时，继续深化"阳光工程"建设，着力推进党务、政务、司法公开，力求党政部门权力公开规范运行。坚持惩防并举、标本兼治，把法治建设和促进作风建设常态化、完善惩治和预防腐败体系建设结合起来，全面落实中央关于作风建设和反腐倡廉建设的各项举措。要积极引导党员干部、公职人员树立正确的权力观，合理地回应他们的正常福利要求和薪酬成长期待，处理好"正向引导"与"反向倒逼"、"破"和"立"的关系。

---

① 褚国建：《认真落实全面依法治国应处理好六大关系》，探索，2015年第6期，第30-31页。

五、全面推进依法治国的政治要求

把提高各级领导干部法治思维和依法办事的能力，作为全面推进依法治国的突出政治要求。领导干部是全面依法治国的领导者、组织者和推动者，领导干部的法治意识、法治素养和法治能力直接决定全面依法治国目标和举措的落实成效，要把遵纪守法作为衡量干部德才的硬标准硬约束，通过法治教育、法治实践和法治考核推动党员干部不断提升以法治凝聚改革共识、规范发展行为、促进矛盾化解、保障社会和谐的能力和水平，真正使党员干部，尤其是领导干部成为尊法、学法、守法、用法的模范。与此同时，要切实增强全民法治意识，大力推进法治社会建设，通过创新法制教育的内容和形式，推动建立部门普法责任制，推进多层次多领域依法治理，建立公共法律服务体系，在全社会形成崇尚法律、遵守法律、维护法律权威的社会风尚，不断养成办事依法、遇事找法、解决问题用法、化解矛盾靠法的思维习惯，真正使人民群众成为社会主义法治的忠实崇尚者、自觉遵守者和坚决捍卫者，处理好抓住关键的少数与提升基本的多数之间的关系问题。

总之，全面依法治国是国家治理领域的一场深刻变革，是"四个全面"战略布局中十分重要的一环，必须从全局的高度落实推进依法治国的全面要求，真正使新时期的法治建设成为全面建成小康社会，实现"两个一百年"奋斗目标和中华民族伟大复兴中国梦的坚强保障。①

①　褚国建：《认真落实全面依法治国应处理好六大关系》，探索，2015 年第 6 期，第 30 - 31 页。

第五章

全面推进依法治国，实现法治中国梦

2013 年 3 月 17 日，习近平总书记在第十二届全国人民代表大会第一次会议上的讲话中指出"实现中国梦必须走中国道路。这就是中国特色社会主义道路……全国各族人民一定要增强对中国特色社会主义的理论自信、道路自信、制度自信，坚定不移沿着正确的中国道路奋勇前进。"实现中国梦，必须把坚持中国道路作为首要遵循。走好中国道路、发展中国特色社会主义，必须要坚持发挥人民主人翁精神，坚持依法治国这个党领导人民治理国家的基本方略，最广泛地动员和组织人民依法管理国家事务和社会事务、管理经济和文化事业、积极投身社会主义现代化建设，更好保障人民权益，更好保证人民当家作主。由此可见，在实现中国梦和全面推进依法治国之间有着密不可分的关系，二者相辅相成，对当下中国的发展都产生着深刻的影响。

全面推进依法治国，是中国梦的重要组成部分，是中华民族伟大复兴的历史任务和奋斗目标。法治为中国梦夯实正义的基石，能更好地保障人民享受法治社会的公平与正义；法治为中国梦提供权力监管的屏障，营造反腐倡廉的良好社会风尚；法治为中国梦提供规范力、推动力，并通过法制文化的建设来培养全民的法治思维、法治精神，为中国梦营造理性、有序、安全的社会生活方式和生活状态。

党的十八届四中全会提出，全面推进依法治国，总目标是建设中国特色社会主义法治体系、建设社会主义法治国家。关键是要坚持党的领导、人民当家作主、依法治国的有机统一。中央纪委书记王岐山强调，社会主义法治必须坚持党的领导，党的领导必须依靠社会主义法治，中国特色社会主义的最大特色、最本质特征就是党的领导，这是历史和人民的选择。中华民族的独立和解放，是党领导取得的；解决13亿人民温饱问题和初步建成小康社会，也是在党的领导下实现的；中华民族走向繁荣、富强和文明，必须有一个坚强的领导核心，这个核心不能代替，就是执政的中国共产党。① 坚持党的领导，是社会主义法治最根本的要求，是党和国家的根本所在、命脉所在，是全国人民的利益所系、幸福所系，是全面推进依法治国的题中应有之义。只有在党的领导下依法治国，厉行法治，人民当家作主才能充分实现，国家和社会生活法治化才能有序推进，我们党才能率领全国各族人民实现中国梦。

第一节　全面推进依法治国与中国梦的内在关系

2014年12月，习近平提出了全面建成小康社会、全面深化改革、全面依法治国、全面从严治党的"四个全面"战略布局。党的十八届四中全会指出，实现中国梦必须全面推进依法治国，中国特色社会主义法治道路为实现中华民族伟大复兴的中国梦提供有力法

————————
① 《王岐山：党的领导和社会主义法治在本质上一致》，人民网，2014年10月25日。

治保障。这一论述揭示了依法治国和中国梦的紧密联系。当前进一步探讨二者之间的内在联系，对全面推进依法治国，建设社会主义法治国家，最终实现中华民族伟大复兴的中国梦有重要的理论和实践意义。

《齐竟陵文宣王行状》里曾道，"公道识虚远，表里融通，渊然万顷，直上千仞"。这里的"融通"指的是融合通达的意思。因此，用内在融通来形容全面依法治国与中国梦的关系再合适不过了。党的十八届四中全会提出实现中国梦必须全面推进依法治国，中国特色社会主义法治道路为实现中华民族伟大复兴的中国梦提供有力法治保障。纵观全面依法治国和中国梦的思想内涵，可以发现两者是融合通达、互涵互动、密不可分的。两者的共通之处表现为以下四个方面。

一、根本原则：坚持党的领导

波澜壮阔的近代中国革命历史证明，中国共产党成功领导中国人民建立了新中国，确立了社会主义制度，有条不紊地进行中国特色社会主义建设，没有中国共产党就没有新中国。中国共产党始终代表最广大人民群众的根本利益，是全心全意为人民服务的党。追求梦想，实现法治国家，都需要引领的力量，因此不论是中国梦的实现还是全面依法治国的推进，都离不开中国共产党的领导。坚定不移地坚持党的领导，是民心所向，同时也是对中国共产党的信任与考验。人民的团结，社会的安定，民主的发展，国家的统一，都要靠党的领导。坚持四项基本原则的核心，也是坚持党的领导。

二、实现路径：系统推进

全面依法治国，建设法治国家是一个系统的工程，社会主义法治的内在逻辑是："依法治国""依法行政""依法执政""依宪治国""依宪执政""依法治军"共同推进；"法治国家""法治政府""法治政党""法治社会""法治军队"一体建设。① 中国梦也不是一句简单的口号，中国梦就是要实现国家富强、民族振兴和人民幸福，是民族梦和个人梦的结合，系统来讲，是需要政治、经济、文化、社会和生态各方面的协调发展才能实现的。全面依法治国和中国梦在其各自的范畴里都是一个有机的整体，需要各方面协同发展，丢掉任何一方面内容，都不能实现完整意义上的依法治国和中国梦。同时，全面依法治国又是中国梦的题中之义。全面依法治国，建设法治国家是实现中国梦的一个必经阶段，一个国家富强、民族振兴和人民幸福的国家必定是一个有良法治国的国家。

三、有效措施：实干和"三个必须"

如何推进依法治国？习近平在广东考察时提出的"实干"，很好地诠释了这个问题。空谈误国，实干兴邦。全面依法治国，是一个立法、执法、司法和普法等实践相结合的动态任务，需要执政党、参政党、政府、司法机关、人民群众等积极参与，踏踏实实地去践行。关于"中国梦"如何实现的问题，诚如习近平在十二届全国人大一次会议闭幕会上所讲，实现中国梦必须走中国道路、弘扬中国精神、凝聚中国力量。理念和梦想如果不去实现，就只是一纸空谈，没有任何实际意义，因此对全面依法治国及中国梦不应停留在认识的层面上，而应在以爱国主义为核心的民族精神和以改革开放为核心的时代精神的支撑下，团结全国各族人民的力量，坚定地在中国

---

① 胡建淼：《认真学习深刻领会党的十八大关于"依法治国"的精神》，国家行政学院学报，2013 年第 1 期。

特色社会主义道路上一直奋斗、实干下去。这里需要指出的是，全面依法治国的实施为中国梦的实现提供法治保障，在中国梦的实现过程中会遇到各种各样的阻碍，只有依法治国才能为中国梦的实现保驾护航。

四、最终归宿：人民幸福

民惟邦本，本固邦宁。人的自由而全面的发展是马克思主义最高的价值追求。中国梦的核心内涵是让人民幸福。让人民当家作主，是中国共产党人追求的价值目标；使人民幸福，是共产党人奋斗的最终目的。深化经济体制改革也好，建设生态文明社会也罢，最终都是为了实现人民幸福这一目的。在第十二届全国人民代表大会第一次会议上，习近平指出："生活在我们伟大祖国和伟大时代的中国人民，共同享有人生出彩的机会，共同享有梦想成真的机会，共同享有同祖国和时代一起成长与进步的机会。"① 中国梦最终是要实现人民的幸福生活，最终指向是人，这也为依法治国理念提供了目标指向，法治国家的建立最终也是为了人民群众的利益。全面依法治国，建设法治国家是我们在促进国家治理体系和治理能力现代化进程中的一个重要目标，但不是最终目的。依法治国归根到底是要通过法律制度的完善来保障人民有更好的生活。因此，人民幸福成为全面依法治国和中国梦共同的旨归。

实现中国梦蓝图需要一个很长的过程，必须始终坚持党的正确领导，走中国道路，弘扬中国精神，凝聚中国力量，坚持走中国特色社会主义法治道路，将全面依法治国和中国梦紧密联系起来，在

---

① 肖志涛：《习近平重要讲话解读：让人人同享人生出彩的机会》，中国广播网，2013 年 3 月 25 日。

建设中国特色社会主义的过程中，让全面依法治国和中国梦互涵互动，相得益彰，推动实现中华民族的伟大复兴。

五、"中国梦"的实现需要法治保驾护航

反腐败的成果要通过法治的形式保存下来，中国梦的实现要通过法治来有条不紊地推进。法治的思想即是限制公权力和保障人权。限制公权力的最终目的在于保障人权，这与中国梦的内涵是相同的。法治不只是西方的治国方式，而且，也是目前中国国家治理的必然选择，经过30多年的发展，我国成为世界经济强国。但是，GDP的提升并不代表全民的富有，中华民族的复兴迈出的第一步将是找到符合中国国情的法治方式，通过法治的功能来实现社会有效治理，化解内部问题与冲突，从而达到长期稳定和谐。有学者曾说过，经济如同一个国家的血肉，经济发展带来的问题很多，有很多问题下面潜藏着更多的矛盾。这些高速发展带来的"死结"，只有通过严格实行法治才能恢复社会的公正和秩序。换个角度看，经济发展也一定程度上阻碍着社会其他方面的进步，在逐利之心的推动下，社会其他方面也被经济理念同化。发展经济是必要的，践行法治，为社会提供新的思想理念源泉能够促进社会的实质进展。法治的价值在于以法的方式维护和谐，法治产生的重要原因就是为了解决社会消化不了的纠纷，达到长久和谐共处。法治能够定纷止争，规矩绳墨。西方的学者在性善论与性恶论之间研究法治的起源和法治的不朽价值，霍布斯等人认为法律起源于人类内心之恶，人与人之关系如同狼与狼之关系，人群为了防止积累不化的冲突导致人类毁灭而创造了法律。洛克则认为，法起源于人内心之善，人们本是和谐共处，不过自然状态中的人们缺少有力的裁判者和保证判决实际执行的权力，每个人都做裁判官，这样便无法判决，引发更大的矛盾和混乱，

所以社会才需要法治。中国梦的要求之一就是社会和谐，在社会不断发展中同时化解隐藏的不安因素，指引人们理性表达各种诉求，缓和竞争带来的矛盾，都仰仗法治的保驾护航。[①]

六、法治是"中国梦"的实现方式

习近平总书记先提出"中国梦"的阐述而后在四中全会决定中提出全面推进依法治国，这是一个理想与现实的问题。我们的理想要靠现实的努力来实现，"千里之行，始于足下"，理想缺乏可以操作的实际方式就会变成空想，就会"空谈误国"。任何一种制度形式都只能在一定的历史时期适用，它与特定时期的生产力相适应。除了法治，实现中国梦的方式也会有，然而，在确定的历史时期，这个选择是最合适的。在高度全球化的今天，地域的距离差异已经变得不再能影响人们的交流与沟通，在各种文化的交织下，没有共同的约束力来协调众多文化意识是极其危险的，全球的和谐实际上在于文化之间的包容，文化之间的包容不是常态，而文化之间的摩擦是常态，没有法治思维的限制力，战争与冲突十分容易蔓延。在这种情况下，中国的治理方式必然选择法治，要知道，全球化对人们最大的影响在于思维，死板的、守旧的思维本身与全球化的理念是相违背的，改革开放以来，已经开阔视野的人们不会再回到原来的文化割据状态，人们面对的是有史以来最广泛的文化交叉。所以，法治是顺应时代理念要求的。但是，法治是中国梦的实现方式，并非中国梦的终极追求。每个国家和民族应该有自己的精神内核，每个国家都有自己的民族权利，而不能全球统一化、格式化。这与中

---

① 刘沛恩、马闯：《依法治国与"中国梦"的实现》，中共济南市委党校学报，2015 年第 1 期，第 10-13 页。

华民族的"和而不同"思想的阐释是一致的，这本身就是中国梦的内在要求之一，我们不能把世界一致的法治思维变成对本国文化的侵蚀，因为文化的发展产生了法治，并非法治产生了文化，西方将法律作为追求真理的一种方式，而不是一种固化的形式。要知道，"条条大路通罗马"，真理之路并非一条，只要方向正确，登上真理之峰的路有很多，但是，如果一个民族失去了"冷暖自知"的精神，便会变得无所适从了。所以说，法治是中国梦这一民族理想的实现方式。

七、法治依赖"中国梦"实现其价值并促进中国梦的发展

一方面，法治要服务于中国梦的内核来实施。中国的法治与西方的法治形式即便可以相同，但内在是不同的，达到的效果也不同，正如《晏子春秋·杂下之十》中所说："橘生淮南则为橘，生于淮北则为枳，叶徒相似，其实味不同。所以然者何？水土异也。"庄子也讲过类似的话叫作"吹万不同"，他以风从一个方向吹过来，但是在不同的地形、不同的洞穴产生了不同的声音来说明同一个事物遇到不同的外在环境会产生不同的变化。法治在中国实施必须要符合中国国情，不能强来强制，法治进程偏离中国梦这一思想内核，必将无法进行。

另一方面，法治依赖中国梦的思想内核能够更好地发挥其功用。人治在我国有几千年历史，其中不乏繁荣盛世，如文景之治、贞观之治、康乾盛世等。灿烂的古代文化是它的一个伟大证明。历史的发展是有惯性的，人治的治理理念很多值得继承和发扬。但是，人类社会在不断变化，过去的一些制度有其生长的土壤，但要放到今天应用就未必好用。在我国古代社会，县官仅带着一两个仆从就能治理十余万人的大县，这得力于当时稳定的农业社会模式，少讼无争的农林观念土地结构。随着社会的发展，世界已进入工业时代乃至后工业时代，我国也不例外，我国的社会关系发生重大的变迁，农业经济的主体地位被打破，社会也从原来的熟人社会逐步变为陌生人社会，现代化带来的不只是机遇，更多的是挑战，这源于我国在历史上是被迫跨入现代化社会的。传统的农村结构和经济面对这些挑战的转变是极其痛苦的，以法治为中心的规治对于流动性商品交换社会模式极其重要。在目前的中国，工业化和城市化提速，人的个体性与个性不断被放大，交易统一而频繁，以往的统一治理方式不能满足社会出现的新现象、新情况，这就要求用法治来加强对个体权益的保护和对广泛复杂的个人行为的规制。随着人们的商品观念增强，城市市民观念也逐渐培养成型，社会的分化也有了不同以往的倾向，国家与社会的轻重变化、职能变革也在更改，社会阶层之间变化不稳的新型关系更需要法治予以协调。在当前中国，以发展经济为中心的观念淡化了以往权力中心的观念，为了加快经济发展国家权力的相对弱化促进了地方性权力、部门性权力的增强，中央政权对社会各方面的完全控制已经不能如以往一般有效实现。这需要法治限制和规范权力运行，处理好发展与治理的关系，并有效化解社会矛盾，不能不借助法治之力量。

八、社会主义市场经济持续发展需要法治的规范

自 2008 年国际金融危机爆发以来，中国成了世界经济复苏的引擎，对外影响力不断提升，但国家仍未建成小康社会，正进入"全面建成小康社会决定性阶段"，"改革进入攻坚期和深水区"。要推动国家经济社会持续健康发展，落实十八届三中全会的全面深化改革要求，便须加快建设法治中国。"法治中国"与"全面深化改革"的关系密不可分，健全的法律体制与经济发展有着莫大的关联。目

前国家经济发展放缓，多项改革进入攻坚期，经济结构不免要受调整，体制也有待完善。中国政法大学教授李曙光曾说："保护产权和保护合约，是经济发展、经济增长的前提。随着未来经济社会良性发展，法治将在中国市场经济中扮演更重要的角色。"

要建设法治市场经济，让市场在资源配置中起决定性的作用，及更好地发挥政府的作用，便须以保护产权、维护契约、统一市场、平等交换、公平竞争和有效监管为基本导向，完善社会主义市场经济法律制度。增强法治，为政府和市场划定清晰的界限，创造透明和公正的环境，提高政府和市场的运作效率。从市场经济发展的角度看，法治是构建市场经济秩序的基本保障。市场经济本质上是法治经济，市场和法治是同一硬币的两面，缺一不可。市场经济与计划经济的一个重要区别就是市场经济是通过竞争机制来实现对资源的优化配置的，存在竞争的同时就需要有与之相适应的规则，因此必须建立一套完善的竞争规则，以此来实现市场这只看不见的手对经济的调整作用，而法治恰恰为市场经济活动的良性发展构建了法律基础。我国的经济发展并不完全是在既定的法治环境中实现的，所以法律在助推经济发展的过程中，法治思维方式的作用尤显重要，它能够促进法治国家与市场经济之间的良性互动，促进政府干预与市场调节之间的良性互动，而这种互动正是推动中国经济发展的重要因素。

从长远来看，中国梦是中华民族伟大复兴的一个历史性标志，在这个特殊的历史时期，法治承担的不只是一种形式功能，法治在促进中国对本土文化糟粕与精华的取舍，对现代治理方式的顺应和创新，对新经济状态下的可持续发展，以及对中国改革开放以来诸多问题的解决起着十分积极的作用。①

第二节 全面推进依法治国是实现中国梦的重要保障

中国共产党十五大报告中第一次提出了依法治国，"发展民主必须同健全法制紧密结合，实行依法治国……依法治国，是党领导人民治理国家的基本方略，是发展社会主义市场经济的客观需要，是社会文明进步的重要标志，是国家长治久安的重要保障"；党的十八大提出全面推进依法治国战略。2015 年 2 月 2 日，习近平总书记在省部级主要领导干部学习贯彻十八届四中全会精神全面推进依法治国专题研讨班开班式上发表的重要讲话《领导干部要做尊法学法守法用法的模范 带动全党全国共同全面推进依法治国》中指出，党的十八大以来，党中央从坚持和发展中国特色社会主义全局出发，提出并形成了全面建成小康社会、全面深化改革、全面依法治国、全面从严治党的战略布局。这个战略布局，既有战略目标，也有战略举措，每一个"全面"都具有重大战略意义。全面建成小康社会是我们的战略目标，全面深化改革、全面依法治国、全面从严治党是三大战略举措。要把全面依法治国放在"四个全面"的战略布局中来把握，深刻认识全面依法治国同其他三个"全面"的关系，努力做到"四个全面"相辅相成、相互促进、相得益彰。

从 1997 年到 2015 年的 19 年期间，我国的依法治国战略从提出逐步走向成熟并且上升为国家意志。全面推进依法治国，是中国特

---

① 刘沛恩、马闯：《依法治国与"中国梦"的实现》，中共济南市委党校学报，2015 年第 1 期，第 10 – 13 页。

色社会主义社会发展的必然结果。坚定不移地走中国道路，就要稳步推进依法治国，建设社会主义法治国家，扩大社会主义民主，调动人民积极性，发展社会主义政治文明。在全面推进依法治国建设的过程中，要更加注重发挥法治在国家治理和社会管理中的重要作用，维护国家法制统一、尊严、权威，保证人民依法享有广泛的权力和自由。全面推进依法治国，使社会上形成尊重法律、依靠法律、执行法律的社会风气，进而让广大人民群众切实领会到有法可依、有法必依、执法必严、违法必究的效用。中国梦是中华民族的梦，是每一个中国人的梦，实现的梦需要靠每个人的真才实干，需要靠每个人脚踏实地去实现它。全面推进依法治国就是要通过法律的效用保障我们每一个中国人的中国梦得以实现，依靠法律的力量去除那些阻碍我们实现梦想的桎梏。全面推进依法治国，就要求我们的党和政府切实依靠法律来推进中国特色社会主义社会的进步，要求我们的党和政府能够依靠法律来惩戒那些腐蚀社会主义高楼大厦的寄生虫和蝼蚁们，要求我们的党和政府能够依靠法律的力量保障民生、保障每一个中国人的梦想和渴望。①

一、依法治国为实现中国梦提供和谐稳定的社会环境保障

建设社会主义和谐社会迫切要求全面推进依法治国。中国的稳定发展需要用依法治国来确保长治久安的社会环境，社会和谐是中国特色社会主义的本质属性，推动社会主义和谐社会建设是党的十八大提出的重要任务。当前，中国社会矛盾纠纷触点很多、燃点较低、处理不易。一些领导干部依法执政、依法行政意识、能力和责

---

① 张博闻：《全面推进依法治国与实现中国梦的辩证关系》，学理论，2015 年 17期，第 13 – 14 页。

任感不强，容易导致处理失当、矛盾激化，甚至演化成大规模的群体性事件。法治是调节社会利益关系的基本方式，是社会公平正义的集中体现，是构建社会主义和谐社会的最重要基础。只有把法治作为构建社会主义和谐社会的牢固基石，把以人为本、公平正义作为法治建设的灵魂，把切实保护每个公民的每一项合法权益作为法治建设的根本任务，才能为建设社会主义和谐社会奠定最坚实的基础。法律作为普遍的社会行为规范，具有不可替代的指引、评价、预测和教育功能。法治包含自由、平等、公平、正义、民主、秩序、人权、尊严、和谐、文明等基本价值，包含人民主权、宪法法律至上、依法执政、民主立法、依法行政、司法独立、保障人权、制约权力等基本原则，包含有法可依、有法必依、执法必严、违法必究等基本要求。融汇于中国特色社会主义法律体系之中的上述价值、原则和要求，通过依法治国和法治的全面实施，直接或间接地告诉人们中国改革的性质、方向、原则、目标、底线、边界、方式等等，提示人们在改革过程中哪些合法权益应当去依法争取，哪些法定义务和责任应当自觉去承担，哪些非法行为和方式应当避免，进而为凝聚改革共识提供指引、提出要求。尤其是，平等、公正、财产、利益、权利等概念，在法律上大都有明确的含义和具体的内容，在重大利益调整的改革过程中，人们表达或主张这些概念的相关诉求时，可以也应当遵从法治的指引，符合法律的规定，做出法律上的预测和评估，在法治的框架下求大同、存小异，努力达成改革共识，依法实现利益的最大化。

全面推进依法治国，就要求我们党领导立法、带头守法、保证执法，切实在宪法和法律的范围内活动；要求各级领导机关和领导干部以身作则，努力培养并不断提高运用法治思维和法治方式的执政能力，努力掌握以法治凝聚改革共识、规范发展行为、促进矛盾化解、保障社会和谐的执政本领，为深化改革、扩大开放、促进发展提供良好的法治环境和有力的法治保障。①

二、依法治国为实现中国梦提供有力的制度保障

实现中华民族伟大复兴的中国梦，就是要实现国家富强、民族振兴、人民幸福。作为治国理政的基本方式，依法治国在实现中国梦的伟大征程中具有重要作用。

首先，法治是国家富强的制度基石。实现中国梦，前提是国家富强。只有国家富强，民族振兴才有坚实基础，人民幸福才有根本指望。今天，中国正以昂扬的姿态屹立在世界东方，中华民族伟大复兴正日益展现出光明前景。法治贯穿改革发展稳定全过程，覆盖国家治理和社会治理各领域，是社会主义经济、政治、文化、社会及生态文明建设的制度基石。要实现国家富强的中国梦，必须奋力推进法治中国建设，坚持依法治国、依法执政、依法行政共同推进，坚持法治国家、法治政府、法治社会一体建设，让法治中国与富强、民主、文明、和谐、美丽的中国相伴而行。其次，法治是民族振兴的制度保障。实现民族振兴，主要是指中华民族开启向物质文明、政治文明、精神文明、社会文明和生态文明全方位演进的新征程，追赶上走过几百年历程的世界现代化潮流，实现富强民主文明和谐的社会主义现代化目标，以现代化中国的国力和形象自立于世界民族之林，为人类文明做出更大贡献。要如期实现中华民族复兴大业，必须继承中华文明的优秀传统与精华，积极吸收世界上一切先进文明成果，大力弘扬法治精神，加强法治建设。只有真正实现法治，

---

① 何玮：《依法治国是实现中国梦的基石》，当代兵团，2013 年 9 月下半月刊，第 21 - 22 页。

中华民族的伟大复兴才能获得坚实有力的制度保障。再次，法治是人民幸福的根本要求。实现中国梦，目的就是人民幸福。在我们这样一个近 14 亿人口的大国，实现社会公正、民心稳定、人民幸福的关键还是法治。法治是调节社会利益关系的基本方式，是社会公平正义的集中体现，是构建社会主义和谐社会的重要基础。只有把增进人民福祉作为法治建设的最高目标，才能保证人民平等参与、平等发展权利，维护社会公平正义，不断实现好、维护好、发展好最广大人民的根本利益；才能使亿万人民共同享有人生出彩的机会，共同享有梦想成真的机会，共同享有成长进步的机会，从而实现每个人自由而全面的发展。

三、依法治国为实现中国梦提供动力保障

中国梦是民族的梦，也是每个中国人的梦。实现中国梦，需要最大限度地凝聚共识、汇聚力量。法治是凝聚改革共识的重要方式和途径。从法治原理来讲，恪守法治与深化改革总体上是统一的、一致的，但在某些方面也会有不统一、不一致的现象，尤其是一些地方和部门搞的"先行先试"的试验性改革，一些敢闯法律和政策"禁区"的探索性改革，一些涉及合法性的改革尝试，必然会挑战既有的法治秩序和法治权威，出现所谓"良性违法"等改革现象。在这种情况下，尤其需要凝聚改革共识。一方面，全社会应当通过法治思维和法治方式尽可能达成为什么要改革、改革什么和怎样改革的共识，从而为深化改革、突破改革难关提供充分的民意支持和合理性前提；另一方面，全社会与立法机关以及立法机关内部应当努力达成改革共识，减少改革"个识"和反对意见，及时通过法定程序推进相关法律的立改废，从而为深化改革提供必要的法律依据与

合法性保障。①

　　法治增进社会共识，是实现中国梦的内在动力，为实现中国梦提供动力保障。作为社会主义核心价值观的重要内容，法治不仅是衡量社会行为的基本价值尺度，也是当代中国社会主义的基本价值追求。法治有助于凝聚改革的思想共识、价值共识、制度共识和行为共识，还可以通过法治思维、法治方式、法定程序来汇聚民意、反映民情、集中民智，调动各类主体的积极性、创造性，使不同利益主体求同存异，团结一切可以团结的力量，筑牢实现中国梦的力量根基。始终沿着法治轨道推进经济发展、政治民主、文化繁荣、社会和谐、生态文明，中华民族伟大复兴的中国梦一定能最终变为现实。

　　中国梦是一个美好图景。依法治国为中国梦的实现保驾护航，只有推进依法治国，才能让我们的中国梦早日从蓝图变为现实。

第三节　全面推进依法治国是实现中国梦的必然路径

　　中国梦就是要实现民族振兴、国家富强、社会和谐、人民幸福，它是民族梦、国家梦、社会梦和个人梦的统一。依法治国是国家治理转型的必然选择，也是中国梦的重要组成部分。要实现中华民族复兴的中国梦，就必须坚持依法治国的基本方略，通过科学立法、依法行政、公正司法等途径化解社会矛盾，推进公平正义，促进社会和谐。

---

　　①　李林：《怎样以法治凝聚改革共识》，北京日报，2013 年 3 月 11 日。

一、法治精神是中国梦实现的内在动力

法治中国梦包含善法之治、良法之治。法治中国梦要求立法机关制定的各项法律必须充分表达民意。全面反映社会公众意志，以人民的共同理想及人的尊严和权利作为展示内容的法律，能使人们认识到法律是"自己的法律"，从而产生对法律的认同和信仰。

法治中国梦包含法律至上的观念。树立法律的绝对权威，营造良好的法治大环境是实现法治中国梦的基础。只有按照宪法和法律规定严格规范和制约行政机关的权力，让公平正义的法律精神贯穿于法治建设的每个环节，才能让法治观念得以确立，提升人民对法的尊敬与信赖。

法治中国梦包含权利意识的唤醒。法律要被人们信仰，从其规则到其本质都必须契合人们的精神需求和人文关怀，科学公正地体现权力制约和权利保障的平衡。法治中国梦应当把最大限度地实现人的权利作为一种文化，用权利文化来滋养我们的制度。当规则由外在的影响转化为内心的体验，逐渐形成一种法律意识和法律情感，当法治情怀、权利意识逐渐渗透到人们的血液中，成为人们稳定的生活方式，当人们真正认识到法律赋予的权利，认同法律规定的义务，法治便不再是梦想，而切实成为保障"人民共享人生出彩机会"的基石。

二、法治原则是中国梦实现的坚实基础

法治中国梦要求法律限制公共权力。公共权力的出现是个人权利实践关系的必然结果。公共权力的运行方式因其自身局限，又容易出现利益关系上的异化。把权力关进制度的笼子里，让公共权力成为一种"宪法权力"，保证国家的一切公共权力都源于法律，并最

终受制于法律，是人类政治实践合规律性、合目的性的必然结果，也是政治文明的重要标志。

法治中国梦要求法律保护公民权利。西方有一句著名的法谚——对待公民自由领域和权利领域，"风可进，雨可进，国王不可进"。法律的真谛在于保障人权。缺乏对私权的保护会导致权力本身的上位、社会等级的划分、以及人们对于能够攫取利益的权力的追逐。我国宪法明确规定了公民的权利，给国家权力划定了明确的界限。让公民的权利在法律的充分保护下避免公权力的侵扰，是法治中国梦的应有之义。

三、完善法制是中国梦实现的稳固保障

法治中国梦追求立法统一。立法统一是完善社会主义法治体系的前提要求。我国的法律包括宪法、法律、行政法规、地方性法规、民族自治法规和单行条例、经济特区和特别行政区制定的规范性法律文件及有权机关的成文法律解释。如此复杂的法律系统难免会发生不统一的情况。法治社会的法律应当是个形式科学、结构严谨、和谐统一、完善完备的体系。构建这个体系的关键在于切实保障宪法作为根本规范的最高效力，对立法冲突加以制度化地整合，及时进行法律清理工作，切实地发挥宪法在国家法律规范体系内的最高协调作用，从而实现法律在规范层面的统一。

法治中国梦追求司法民主和司法公正。司法权只能由国家专门司法机关行使，其他任何组织和个人不得行使司法权；司法机关在司法活动中依法独立行使司法权，其他任何行政机关、社会团体和个人不得干涉；法官在审理案件时能够独立做出判断，既不受诉讼当事人意见的支配，也不受政府权力和公众舆论的控制。

法治中国梦追求执法公正。依法行政是依法治国的一项核心内

容，而执法公正则是依法行政的价值目标和重要体现。执法公正是指执法行为的过程和结果遵循和体现了公平与正义的原则。具体而言，执法公正包含了实体公正和程序公正两方面的基本内容。针对社会上"执法不公"的现象，我们应当通过规范行政执法制度，提高执法人员法治观念、专业素质和执法能力等措施，有效化解社会矛盾，保障公民的民主权利。①

第四节 全面推进依法治国是实现中国梦的基石

依法治国是国家治理转型的必然选择，是中国梦实现的基石，要实现国家富强、民族复兴、社会和谐、人民幸福就必须坚持依法治国，用法律制度、法治精神为社会公平提供坚实的保障。十八大强调了法治政府建设、司法公信力、尊重和保障人权等，并将法治建设放到了全局性、战略性地位。

一、实现中国梦是全面推进依法治国的最终目标

习近平同志在 2012 年 11 月 29 日参观"复兴之路"展览时发表重要讲话，指出"每个人都有理想和追求，都有自己的理想。实现中华民族伟大复兴，就是中华民族近代以来最伟大的梦想。这个梦想，凝聚了几代中国人的夙愿，体现了中华民族和中国人民的整体利益，是每个中华儿女的共同期盼。历史告诉我们，每个人的前途都与国家和民族的前途命运紧密相连。国家好，民族好，大家才会

---

① 何玮：《依法治国是实现中国梦的基石》，当代兵团，2013 年 9 月下半月刊，第 21 - 22 页。

好。实现中华民族伟大复兴是一项光荣而艰巨的事业，需要一代又一代中国人共同为之努力。空谈误国，实干兴邦。"从参观完"复兴之路"的展览，习近平同志又分别在第十二届全国人民代表大会第一次会议上，同全国劳动模范代表、各界优秀青年代表座谈时，在接受特立尼达和多巴哥、哥斯达黎加、墨西哥等拉美三国媒体联合书面采访时，在欧美同学会成立 100 周年庆祝大会上，在会见第七届世界华侨华人社团联谊大会代表时的讲话中阐述了实现中华民族伟大复兴是中国人的梦，实现中国梦需要我们中华民族共同努力奋斗。

习近平总书记阐述的中国梦这一概念，表达了中国人民的心声，概括了当代中国人的价值追求，凝聚了海内外各阶层、各方面民众的最大共识，承载着亿万人为之奋斗的百年期盼。实现中国梦必须要走中国道路，道路的问题是关系党的事业兴衰成败第一位的问题。回首近代以来中国波澜壮阔的历史，展望中华民族充满希望的未来，我们得出一个坚定的结论：全面建成小康社会，加快推进社会主义现代化，实现中华民族的伟大复兴，必须坚定不移地走中国特色社会主义道路。实现中国梦必须要弘扬中国精神。中国精神就是以爱国主义为核心的民族精神和以改革创新为核心的时代精神。这种民族精神和时代精神，是中华民族自强不息、发展壮大的强大精神支柱，是我们不断开辟新征程、开创新未来的精神支撑。实现中华民族伟大复兴这一近代以来最伟大的梦想，需要有伟大的中国精神做支撑。实现中国梦，不仅需要物质上富裕起来，更要在精神上强大起来。中华民族自古以来就形成了以爱国主义为核心的民族精神纽带，改革开放以来，中华民族以改革创新精神为核心的时代精神为依托，解放思想，与时俱进，使我们国家和民族不断向前发展，进而调动全社会一切积极因素，形成推动中国梦实现的强大力量。实现中国梦，还需要凝聚中国力量。实现中华民族的伟大复兴，实现中国人的中国梦，需要中国共产党的英明领导，需要全社会上下的积极配合，需要中国各项事业的积极推进。中国梦是国家的梦，是民族的梦，是个人的梦。实现中国梦，就意味着实现中华民族的伟大复兴，就意味着国家实力得到显著提高，就意味着人民的生活质量得到明显的提升，就意味着建设小康社会目标取得很大成果。这些目标的取得离不开全面推进依法治国的战略，实现中国梦的目标，也是依法治国战略的夙愿。

二、依法治国是国家长治久安的根本保障

社会和谐稳定、国家长治久安是中国梦的重要内容，也是全国人民最真切的期盼，而这些都离不开法治中国的建设，唯有通过法律限制公权力、规范社会秩序、协调利益关系，才能形成保障公民利益的法治体系，实现国家的长治久安。十八大明确提出，依法治国是党领导人民的基本方略，也是执政治国的基本理念，应全面推进依法治国，"不断推进科学立法、严格执法……充分发挥法治在国家治理与社会管理中的重要作用"。

三、依法治国是社会和谐稳定的根本保障

中国梦不仅是实现国家富强、民族复兴之梦，也是实现国家富强、民族复兴过程中个体实现自我之梦，人民幸福是中国梦的最终目标。人民幸福不仅体现在物质财富增加、生活条件改善等方面，还体现在营造自由、平等、民主、和谐的社会环境上，唯有良好的法治环境，才能恰当协调各种利益关系，维护社会正义，将公正、自由、平等、民主等美好理想变成现实。因此，必须加强法治建设，用宪法与法律保障公民合法权利，化解社会矛盾，协调各种利益关

系，不断开创依法治国的新局面，为中国梦提供坚实的制度保障。

四、依法治国是实现执政为民的重要保障

中国梦归根到底是亿万人民的梦想，只有藏富于民、还利于民，才能成就万世之基业。而要实现执政为民、藏富于民，维护好广大人民的根本利益，就要用法律规范公权力的运行，用法律保障民权、民主、民生。可见，法治是实现中国梦的法律制度保障，要实现中国梦就必须谱写依法治国的新篇章。

五、依法治国为政治、经济提供法律保障

稳定的政治氛围、繁荣的市场经济是实现中国梦的重要条件，而依法治国为政治、经济提供强有力的法律保障，保证中国特色社会主义建设有序平稳进行，避免出现大的波动。"无法则不立""无规矩不成方圆"，在社会主义市场经济条件下，由于市场经济的自发性特点，部分市场经济主体受到利益驱动，难免出现弄虚作假、坑蒙拐骗、缺斤少两、鱼目混珠等违法行为，扰乱正常的市场经济秩序，这就需要法律进行强制规范，营造一种良好的市场经济氛围。在政治层面，当今社会仍然存在买官卖官、行贿受贿、拉帮结派等行为，严重干扰政治生活的正常进行，不利于公平正义的实现。而一系列行政法、公务员法等法律法规的出台则能够有效地抑制此类行为的发生，营造一种政治清明的良好局面。

六、继续完善依法治国方略，厉行法制

社会主义法制体系是中国梦的重要组成部分。因此，完善依法治国基本方略，厉行法治，有利于中国梦的早日实现。完善依法治国必须继续坚持中国共产党的领导，巩固共产党的执政党地位；必

须坚持依法执政和依法行政，治理国家要有法可依，用法制思维与法治方式治理现代国家；必须切实维护和保障人权，从最广大人民的根本利益出发，维护公民的权利与自由，坚持法律面前人人平等，任何人不得拥有超越法律的特权；必须继续推进反腐倡廉工作，有腐必反，坚决刹住"四风"，净化社会风气；必须确保司法公正，维护法律尊严，伸张正义。完善依法治国基本方略，厉行法制，是实现伟大中国梦的必经之路。

结束语

从法治大国走向法治强国，为实现中华民族伟大复兴保驾护航

　　十八大以来，以习近平为核心的党中央在治国理政的实践中，依据世情、国情、党情变化，与时俱进，开拓创新，逐渐形成了全面建成小康社会、全面深化改革、全面推进依法治国、全面从严治党，即"四个全面"战略思想。

　　人民日报评论员文章认为："四个全面"是当前引领中国发展的战略思想和战略布局，它"确立了新形势下党和国家各项工作的战略方向、重点领域、主攻目标"，"是坚持和发展中国特色社会主义道路、理论、制度的战略抓手"，"深化了对共产党执政规律、社会主义建设规律、人类社会发展规律的认识"，"是我们党治国理政方略与时俱进的新创造、马克思主义与中国实践相结合的新飞跃"。①

　　基于中国特色社会主义理论体系视域考量，"四个全面"战略思想与中国特色社会主义理论体系中的邓小平理论、"三个代表"重要思想、科学发展观一脉相承，同质共向，都是中国共产党人以马克思主义为指导，在中国特色社会主义建设实践中的理论创新结晶。"四个全面"战略思想在理论形态上是中国特色社会主义理论体系新

---

① 人民日报评论员：《引领民族复兴的战略布局———一论协调推进"四个全面"》，人民日报，2015年2月25日第1版。

成果，实现了对中国特色社会主义理论体系的新发展。

一、党的十八大以来依法治国理论不断完善的重要现实意义

党的十八大提出"全面推进依法治国""法治是治国理政的基本方式"；① 十八届三中全会提出"推进法治中国建设"的新目标，确立了坚持"依法治国、依法执政、依法行政共同推进"、坚持"法治国家、法治政府、法治社会一体建设"的改革任务；② 十八届四中全会更加明确地提出"全面推进依法治国，总目标是建设中国特色社会主义法治体系，建设社会主义法治国家"，③ 对依法治国重大问题进行了顶层设计，为全面推进依法治国勾画出了清晰的框架和路线图。

"实现科学立法、严格执法、公正司法、全民守法，促进国家治理体系和治理能力现代化"，④ 强调了依法治国的重要目的和重大意义，表明在当今时代我们党所肩负的时代重任，表明只要坚持党的领导，社会主义道路就永远不会走向歧途。而强化社会主义法治，是加强党的领导关键，中国共产党要真正带领中国人民建设强大的社会主义国家和实现中华民族的伟大复兴，必须走依法治国的道路，只有依法治国，才能形成凝聚力、团结力、创造力，才能在任何历史时期任何时刻都经受住风险和考验。

---

① 胡锦涛：《坚定不移沿着中国特色社会主义道路前进　为全面建成小康社会而奋斗》，人民出版社，2012 年版。
② 《中共中央关于全面深化改革若干重大问题的决定》，人民出版社，2013 年版，第 31 页。
③ 《〈中共中央关于全面推进依法治国若干重大问题的决定〉辅导读本》，人民出版社，2014 年版。
④ 《中共中央关于全面深化改革若干重大问题的决定》，人民出版社，2013 年版，第 32 页。

（一）有利于营造良好的法治环境

建设中国特色社会主义，从"三位一体"到"五位一体"的总布局，法治建设既是其中的主要内容，也是重要政治保障。在和平与发展仍然是当今时代主题和复杂多变的国际背景下，面对巨大的国际竞争压力，要赢得各方面的发展优势，必须加强法治建设，为中国特色社会主义建设营造良好发展环境。要不断树立宪法的权威和加强法律的实施，把依法治国和依宪治国有机统一起来，把依法执政和依宪执政有机统一起来，通过宪法和法律来治理国家，用法治来推动各项工作，真正形成有法可依、有法必依、执法必严、违法必究，法律面前人人平等的法治环境，用法治解决疑难问题和化解各种社会矛盾，使自觉遵守法律真正成为全社会的共识，在法治轨道上推动各项工作。实现科学立法、严格执法、公正司法、全民守法，大力弘扬法治精神，维护宪法的权威，增强全体公民的法律意识，以法治稳定社会秩序、维护国家利益、保障公民权利，以法治力量助推中国梦的实现。

（二）有利于维护人民群众的根本利益

建设中国特色社会主义，实现中华民族的伟大复兴，根本目的就是要促进人的全面发展，把人的发展摆在重要位置。坚持以人为本，实现社会公平正义，突出人的主体地位，强调法治的人文关怀。① 在社会主义初级阶段，由于生产力水平还不是很高，导致与人民群众利益密切相关的就业、医疗、教育、收入、社会保障等民生问题和建设社会主义法治相脱节的现象比较严重，许多方面还不能完全做到用法治方式来维护广大人民群众的根本利益。全面推进

---

① 赵忠江：《社会主义法治思想的丰富与发展》，沈阳师范大学学报·社会科学版，2014年第1期。

依法治国，通过宪法和法律解决与老百姓切身利益相关的社会问题，坚持发展为了人民，发展依靠人民，发展成果由人民共享，是社会主义法治保障人民群众根本利益的题中应有之义。社会主义法治不仅需要行政和司法机关来维护，尊重和保障公民的基本权利，保护人民群众的根本利益，当权利受到侵害时依法得到有效的保护和援助，努力实现最广大人民的根本利益，实现社会公平正义和和谐稳定，还需要全体公民不断提高法律素质和增强法律意识，使社会主义法治建设具有更广泛更深厚的群众基础。

（三）有利于重拳惩治腐败和建设廉洁政治

加强和改善党的领导，法治是关键。从严治党、严惩腐败和深化改革、推动发展同等重要，要通过宪法和法律来治理国家，来规范党的执政行为。国家频频出重拳打苍蝇老虎、大老虎甚至特大老虎，彰显了党中央坚决反对腐败、以零容忍态度惩治腐败的坚定决心，彰显了我们党面对腐败分子不论其权力大小、职务高低，只要触犯党纪国法，都要严肃查处，决不姑息、决不手软。这既是落实从严治党的根本要求，也是维护社会主义法治的必然之举。"打铁还需自身硬"。一个信仰坚定、纪律严明、作风过硬、清正廉洁的政党，在任何时候都能立于不败之地。建设中国特色社会主义，靠的是我们党始终保持纯洁性、先进性；靠的是严肃纪律、疾恶如仇，对一切不正之风敢于亮剑。只有这样，我们的党才能越来越成熟、越来越强大、越来越有战斗力，才能带领全国各族人民共同奋斗实现中国梦。

依法治国，事关我们党执政兴国、事关人民幸福安康、事关党和国家长治久安。任何时候，如果放弃了依法治国的基本方略，否定了治国理政的法治基本方式，背弃了中国特色社会主义法治之路，就不会有中国共产党的正确领导和执政地位，就不会有中国人民的幸福生活，就不会有社会主义社会的美好明天，实现中华民族伟大复兴就会成为泡影。①

全面深化改革、完善和发展中国特色社会主义制度，提高党的执政能力和执政水平，必须全面推进依法治国。在全面深化改革的攻坚期，在实现中华民族伟大复兴的伟大历史进程中，全面实施依法治国，健全中国特色社会主义法治体系更彰显出其极端重要性和顶层战略意义。

二、全面推进依法治国，将中国特色社会主义理论体系的法治思想推进到新境界

党的十八届四中全会做出了《中共中央关于全面推进依法治国若干重大问题的决定》，党的一次全会中以法治建设为主题，这在党的历史上尚属首次。同时，将全面推进依法治国纳入"四个全面"战略思想，这都体现了以习近平同志为核心的党中央对依法治国的高度重视和具体落实，这本身就是对中国特色社会主义理论体系的重大发展。"习近平总书记提出全面依法治国，开阔了法治的格局、丰富了法治的内涵、拓展了法治的外延，让全面依法治国成为治国理政思想重要组成部分，助推社会主义现代化建设走向新境界。"②

全面推进依法治国做出了重大的理论创新，尤其体现在科学地回答了党的领导和依法治国的关系。"认为党的领导和社会主义法治是一致的，社会主义法治必须坚持党的领导，党的领导必须依靠社

---

① 李林：《全面推进依法治国的时代意蕴》，学习时报，2014 年 10 月 27 日，第 4 版。
② 本报评论员：《法治让国家治理迈向新境界——四论协调推进"四个全面"》，人民日报，2015 年 2 月 28 日。

会主义法治。"① 2015 年 2 月 2 日，习近平总书记在省部级主要领导干部学习贯彻十八届四中全会精神全面推进依法治国专题研讨班开班仪式上发表的重要讲话中进一步指出："中国共产党是中国特色社会主义事业的领导核心，处在总揽全局、协调各方的地位。社会主义法治必须坚持党的领导，党的领导必须依靠社会主义法治。法是党的主张和人民意愿的统一体现，党领导人民制定宪法法律，党领导人民实施宪法法律，党自身必须在宪法法律范围内活动，这就是党的领导力量的体现。党和法、党的领导和依法治国是高度统一的。我们就是在不折不扣贯彻着以宪法为核心的依宪治国、依宪执政，我们依据的是中华人民共和国宪法。"② 从五个方面全面论述了党的领导和依法治国的内在辩证统一关系。对此，《人民日报》评论到：既明确中国共产党是中国特色社会主义事业的领导核心，处在总揽全局、协调各方的地位，也强调社会主义法治必须坚持党的领导，党的领导必须依靠社会主义法治。对法治认识的不断深化，正是执政党在现代化进程中的自我超越、自我提升。③

全面推进依法治国自身就是系统思想。全面推进依法治国总目标为：建设中国特色社会主义法治体系，建设社会主义法治国家。总抓手是：建设中国特色社会主义法治体系。总体思路为："五大法治体系"——形成完备的法律规范体系、高效的法治实施体系、严密的法治监督体系、有力的法治保障体系，形成完善的党内法规体系，"三个共同推进"——依法治国、依法执政、依法行政，"三个

---

① 《中国共产党第十八届中央委员会第四次全体会议文件汇编》，人民出版社，2014 年版。

② 《领导干部要做尊法学法守法用法的模范　带动全党全国共同全面推进依法治国》，光明日报，2015 年 2 月 3 日。

③ 人民日报评论员：《法治让国家治理迈向新境界——四论协调推进"四个全面"》，人民日报，2015 年 2 月 28 日。

一体建设"——法治国家、法治政府、法治社会一体建设。有学者概括到:"习近平法治思想的基本构架可以分为六个部分,即总体目标是法治中国,基本方略是整体推进,根本目的是保障人权,价值追求是公平正义,重点突破是法律实施,率先改革是司法体制。"①

全面推进依法治国着力做好顶层制度设计。提出要完善全国人大及其常委会宪法监督制度、健全宪法解释程序机制;建立领导干部干预司法活动、插手具体案件处理的记录、通报和责任追究制度;健全行政机关依法出庭应诉、支持法院受理行政案件、尊重并执行法院生效裁判的制度;建立健全司法人员履行法定职责保护机制;推动实行审判权和执行权相分离的体制改革试点;统一刑罚执行体制;探索实行法院、检察院司法行政事务管理权和审判权、检察权相分离;变立案审查制为立案登记制,完善人民陪审员制度,扩大参审范围;推进审判公开、检务公开、警务公开、狱务公开;建立生效法律文书统一上网和公开查询制度;② 最高人民法院设立巡回法庭;探索设立跨行政区划的人民法院和人民检察院;探索建立检察机关提起公益诉讼制度;推进以审判为中心的诉讼制度改革……这些切中时弊、富有创新的法治改革举措,既是对全面推进依法治国的贯彻落实,更是对中国特色社会主义体系法治理论发展的有力支撑和现实展现。

三、坚定走中国特色社会主义法治道路

党的十八届四中全会通过的《中共中央关于全面推进依法治国

---

① 吴传毅:《习近平法治思想的基本构架》,中共福建省委党校学报,2014 年第 8 期。
② 《习近平:司法是维护社会公平正义的最后纺线》,人民网时政频道,2014 年 10 月 28 日。

若干重大问题的决定》，回答了中国法治建设的重大理论和实践问题，绘就了全面推进依法治国的"路线图"，即强调全面推进依法治国必须坚持中国特色社会主义法治道路，贯彻中国特色社会主义法治理论。这不仅是对中国法治道路的积极回应，更是中国法治建设的道路保障。

（一）中国特色社会主义法治建设是中国特色社会主义事业的组成部分

中国特色社会主义事业是被实践证明了的成功之路。中国共产党自成立之日起，就一直在探索适合中国的发展道路，以期为民族复兴而奋斗。新中国成立为中华民族的伟大复兴奠定了基本的政治前提。① 改革开放的伟大实践，不仅开创了中国特色社会主义伟大事业，而且证明了中国特色社会主义事业的伟大成功。中国改革开放的成就震撼了世界。中国经济 30 多年来保持了世界最快的增速，经济总量一跃成为世界第二，并超过世界排名第三的日本。据统计，2014 年中国 GDP 总量首次突破 10 万亿美元大关，成为继美国之后又一个"10 万亿美元俱乐部"成员。对于中国经济发展成就和发展模式，一些西方学者都在积极解读。当今世界顶尖级学者、英国伦敦政治经济学院教授马丁·雅克在《当中国统治世界》一书中，从文化角度解读了中国特色社会主义道路、理论和制度的正确性。马丁·雅克指出："亚洲新兴国家创造了一种新型的政治治理模式，即发展中国家的政治合法性和民众支持率，不仅基于民主选举，还基于国家推动的能力。"② 而美国的中国问题专家沈大伟在《中国共产

---

① 胡锦涛：《坚定不移沿着中国特色社会主义道路前进 为全面建成小康社会而奋斗——在中国共产党第十八次全国代表大会上的报告》，人民日报，2012 年 11 月 18 日。

② 马丁·雅克：《当中国统治世界》，中信出版社，2010 年版，第 174 页。

党的收缩与调适》一书中，则从中国共产党与时俱进的角度解读了中国社会发展的成就。他指出，中国共产党适应时代要求，适应市场经济发展要求，适时收缩对社会管控的触角，发挥社会组织的作用，发挥民众的作用。瑞士日内瓦大学教授张维为在对各国发展成就进行比较后，深度解读了中国特色社会主义制度的优越性，解读了中国发展模式的比较优势，甚至认为中国发展模式可以为发展中国家提供一种借鉴。

　　中国特色社会主义事业包括中国特色社会主义经济、中国特色社会主义政治、中国特色社会主义文化、中国特色社会主义法治等方面的内容。中国特色社会主义法治是中国特色社会主义事业的一部分，并服务于中国特色社会主义事业。任何一国的法治都不是特立独行的存在物，它必须服务于一国经济政治文化和社会发展，脱离一国经济政治和文化来谈法治，都是无稽之谈。缘于此，党的十八届四中全会《决定》涉及经济、政治、文化、社会生态、国防与军队等方面的内容。这个《决定》不是就法治谈法治，而是"跳出法治看法治"，"跳出森林看森林"，把中国法治建设放在中国经济、政治、文化、社会、生态改革的大背景下来谋划。当代中国社会正处于发展机遇期、矛盾多发期和改革攻坚期，中国特色社会主义法治必须服务于改革发展稳定的大局。不改革，就不能解除束缚社会生产力发展的体制机制，高质量的发展就会成为一句空话；不发展，现有的矛盾不仅不会从根本上解决，而且还会激发新的矛盾，不通过发展提升综合国力，全面建成小康社会以及实现民族的伟大复兴就会成为一句空话；而没有稳定的社会环境，改革发展就无从谈起，没有稳定的社会环境，中国改革发展取得的成就也会毁于一旦。正是从这个意义上，《决定》阐述了很多经济、政治、文化、生态等法治保障问题，把中国法治建设与经济、政治、文化、社会、生态融为一体。党的十八大阐述的是全面建成小康社会，党的十八届三中全会阐述的是全面深化改革，党的十八届四中全会阐述的是全面推进依法治国，三者之间秉承了中国改革发展的内在逻辑。全面建成小康社会是目标，全面深化改革是方法，全面推进依法治国是保障。通俗地说，十八大讲的是"建"，十八届三中全会讲的是"破"，十八届四中全会讲的是"立"。即是说，十八届四中全会与十八大和十八届三中全会有着内在的逻辑联系，连接这个逻辑的"红线"就是中国的改革发展，就是全面建成小康社会以及实现中华民族的伟大复兴。

（二）中国特色社会主义法治建设吸取了中华民族传统文化的精髓和世界法治发展的文明成果

法治发展不可能一蹴而就，不能因为法治发展中存在的问题而否定中国特色社会主义法治发展所取得的成就。中国特色社会主义法治建设是中国特色社会主义事业的一部分，它既根植于中国的历史文化传统以及中国的现实土壤中，又借鉴了世界法治文明的成果。十八届四中全会《决定》指出，中国特色社会主义法治要坚持依法治国和以德治国相结合。之所以要坚持二者之间的结合，一方面是因为法律与道德有着共同的渊源，甚至在古代社会二者之间没有界分，二者之间具有互补性。即是说，要以法治来促进道德建设，要以道德来滋养法治精神，法治价值追求要与道德取向相契合。另一方面，是因为中国传统文化向来强调道德的作用。中华民族之所以能够在历史上辉煌过 15 个世纪，其背后的原因，是中国传统文化的力量。中国传统文化的主流是儒佛道思想，无论是儒家、佛家还是道家，它所强调的都是人与人、人与自然之间的和谐。尽管进入近代社会，中国没有紧跟世界工业文明的步伐，没有实现发展方式的转变，在世界工业文明的冲击下，中国传统的农业文明落后了，因而遭受到西方列强的入侵，中国传统文化遭受到巨大破坏。当下，当世界面临发展的重大困惑之时，中国却保持了高速增长，于是，世界有识之士开始关注中国，他们认识到这是源于中国传统文化的价值发挥。中国法治发展既吸取了中华民族优秀的传统文化，又吸取了世界法治发展的文明成果。强调中国特色社会主义法治必须走依法治国和以德治国的结合，这是对中华民族优秀传统文化的吸取，而坚持法律面前人人平等、坚持人民主体地位、坚持程序正义等又是对世界法治文明成果的吸取。十八届四中全会《决定》通篇体现了鲜明的现代法治思维，主张权力来源于法律、权力要受制于法律，主张良法是善治的前提，要制定出体现规律、符合人民意愿的法律，把法律实施作为维护法治的关键环节，主张法治队伍要专门化、正规化。这些都是对世界法治文明的积极借鉴。

法治发展不可能一蹴而就。任何一国的法治建设都有一个过程。如果因为中国法治建设与社会的期待相比还存在较大差距，进而否定中国法治建设的成就，其观点就失之偏颇。以转型时期的中国存在的问题来否定中国特色社会主义制度，进而推销所谓西方的"普世主义"，这更是西方别有用心的人的政治图谋。正如基辛格所说"其他社会，包括美国，都声称自己的价值观和体制普世适用"[1]。实际上，西方法治文明的成果积淀了很多年，秉承了西方文化传统和价值观。中国的法治发展，只能以中华民族优秀传统文化为基础，吸收和借鉴西方法治文明成果，不断完善和推进中国法治建设。

（三）西方法治道路是西方历史文化以及国情的产物，照搬西方法治道路在一些非西方国家没有取得成功，在中国也不可能取得成功

---

① 基辛格：《论中国》，企鹅出版社，2014年版。

西方历史文化传统有其特殊性，其法治发展经历了很长的过程。从古希腊古罗马时代开始，西方的法治已经开始萌芽。近代以来，西方开启了法治的征程。近代资本主义率先推行市场经济，鼓励人们对财富的追求，但是，在人们对财富追求的过程当中，进一步认识到法治的重要性，认识到法治与市场经济是一块铜板的两面。这推动了西方世界的法治发展。西方法治的形成与西方社会复杂的社会阶级结构也有很大关系。从很早的时候开始，西方社会就有僧侣、国王、贵族、城市自由民、工商业者、小生产者、城市资产阶级等社会阶级结构。由于这些复杂的社会阶级结构的存在，从而使得其市民社会得以建立，而市民社会的存在又是其法治得以产生的社会基础。市民社会的存在，要求以法治来平衡社会各阶级的利益诉求，来分享社会的公共权力。客观地讲，法治源于西方，抑或说，西方是法治的"母国"。

正因为西方法治源于西方社会的特定土壤，所以，一些非西方国家移植西方的政治法律制度之后并没有取得成功。墨西哥就是鲜活的例证。墨西哥就是移植美国"三权分立"制度失败的例子。同样，还有不少非西方国家在美国等西方国家强制干预下，移植西方的民主制度也都没有取得成功，因为移植西方的两党制或多党制后造成政党林立，各利益集团争吵不休，从而把国家搞得混乱不安，让老百姓遭受巨大灾难。比如，卡扎菲死了，利比亚却遍地废墟；穆巴拉克下台，埃及却血流成河。这些历史和现实的经验教训，值得人们深思。

就中国而言，首先，中国传统的农耕文明并未孕育出市场经济，民众缺失自由、平等、公平等这些依赖于市场经济而产生的法治观念。尽管春秋战国时期产生了法家，但法家主张的法治与后世的法治不可同日而语。法家主张的法治不过是严刑峻法而已，后世主张的法治却以保障人权为归依，强调法治对权力的规制。其次，西方的法治在很大程度上又是建立在西方市民社会的基础上，而中国古代一直没有市民社会的存在，"中国自古就缺乏独立组织，甚至连市民社会的观念都相当淡薄"①。因此，中国特定的有别于西方的社会环境，不可能照搬西方的法治道路。中国是有着13亿多人口、56个民族、30多个省级行政区的国家；中国当前还处在社会主义初级阶段，市场经济还只有20多年的历程。如何在这样的国度建设社会主义法治国家，世界上尚无成功先例可资借鉴，中国必须自己进行探索，必须选择自己的道路。就如同中国特色社会主义事业是中国共产党领导中国人民进行的探索和选择一样，如何建设中国特色社会主义法治，十八届四中全会进一步绘出了宏伟蓝图。

（四）中国特色社会主义制度具有比较优势，坚持中国共产党的领导和中国特色社会主义制度，中国特色社会主义法治道路一定会愈加宽广，"法治中国"定可期待

中国特色社会主义制度是事实上被实践证明符合中国国情的根本政治制度。这一制度的核心又有着发挥举国体制的作用，可以统一人民的思想，可以统一人们的行动，可以抗拒风险，可以集中力量办大事。中国经济的高速发展，从很大程度上讲，就是这种体制作用使然。中国经济的发展不同于西方经济的发展，西方经济主要是靠民间自觉行为，政府主要是为市场竞争提供规则。而中国经济的高速发展不一样，政府除了提供规则之外，还要强力推进。正缘于此，中国用30多年时间过渡到一个消费型社会，而美国用了60年，欧洲却用了150年。当然，也有学者持不同意见，认为这种集

---

① 《中共中央关于全面推进依法治国若干重大问题的决定》，人民日报，2014年10月29日。

中力量办大事的体制，这大事既可以是好事，也可以是坏事，像过去的"文化大革命"也是这种体制下的产物。这一说法似乎不无道理。但是，我们应该看到"文化大革命"的大事是在当时政治体制尚不完善和成熟时期。"文化大革命"时期，是中国共产党尚未从革命党向执政党转变的时期，当时的政治热情冲昏了人们的头脑，中国法治尚未开启。今天中国社会情形以及中国共产党已经大不相同，今天中国社会已经基本建成了小康社会，并正在向着全面建成小康社会奋进，各种社会组织正在破土成长，今天的中国共产党已经实现从革命党向执政党的转变，正在努力适应市场经济的要求，并努力学习驾驭市场经济，学习熟练运用法治手段治理国家、治理社会。新中国成立以来，国际国内发生的重大事件，包括亚洲金融危机、地震灾害等无数次证明了中国是一个抗风险能力很强的国家。中国特色社会主义制度正在彰显它的比较优势，在中国特色社会主义制度的保障下，中国特色社会主义法治一定会愈加宽广，"法治中国"的目标定可期待。

党的十八大以来，习近平总书记发表了一系列讲话，提出了"法治中国"的时代命题，并就"法治中国"建设提出了许多新思想、新观点、新要求。十八届四中全会《决定》提出："全面建成小康社会、实现中华民族伟大复兴的中国梦，全面深化改革，完善和发展中国特色社会主义，提高党的执政能力和执政水平，必须全面推进依法治国。"① 这体现了中国共产党人的政治自觉，体现了中国共产党人的担当精神，体现了中国共产党人的强烈使命感。党的十八届四中全会绘就了全面推进依法治国的宏伟蓝图：在全面推进

---

① 《中共中央关于全面推进依法治国若干重大问题的决定》，人民日报，2014 年 10 月 29 日。

依法治国的宏大背景下，要求坚持依法治国、依法执政、依法行政共同推进，坚持法治国家、法治政府、法治社会一体建设，实现科学立法、严格执法、公正司法、全民守法；把党内法规体系纳入国家法治体系当中，使之成为国家法治体系的子系统，并通过规范党组织和党员的行为，使之符合法治的要求；加强和改进党的领导，加强中国共产党对全面推进依法治国统一领导、统一部署、统筹协调；健全党领导依法治国的制度和工作机制，完善保证党确定依法治国方针政策和决策部署的工作机制和程序。

中国特色社会主义法治是中国特色社会主义事业的有机组成部分，是中国历史文化作用的产物，也是基于对中国国情的选择，与此同时，它又积极借鉴了世界法治文明的成果。中国特色社会主义法治既有鲜明的中国特色，又不是孤立的存在物，它具有世界法治文明的共性。坚定走中国特色社会主义法治道路，我们有理由期待中国特色社会主义法治道路一定会愈加宽广，"法治中国"定可期待。①

---

① 吴传毅：《坚定走中国特色社会主义法治道路》，学习论坛，2015 年第 9 期，第 78－80 页。

参考文献

[1]《马克思恩格斯全集》第 1 – 50 卷 [M]，北京：人民出版社，1956 – 1985 年版.

[2]《马克思恩格斯选集》第 1 – 4 卷 [M]，北京：人民出版社，1995 年版.

[3]《马克思恩格斯文集》第 1 – 10 卷 [M]，北京：人民出版社，2009 年版.

[4]《毛泽东选集》第 1 – 4 卷 [M]，北京：人民出版社，1991 年版.

[5]《邓小平文选》第 1 – 4 卷 [M]，北京：人民出版社，1993 – 1994 年版.

[6]《列宁选集》第 1 – 4 卷 [M]，北京：人民出版社，1995 年版.

[7]《列宁专题文集》第 1 – 5 卷 [M]，北京：人民出版社，2009 年版.

[8]《邓小平同志重要谈话》[M]，北京：人民出版社，1987 年版.

[9]《〈中共中央关于全面深化改革若干重大问题的决定〉辅导读本》[M]，北京：人民出版社，2013 年版.

[10]《中共中央关于四个全面深化改革若干重大问题的决定》[M]，北京：人民出版社，2013 年版.

[11]《中国共产党第十八次全国代表大会文件汇编》[M]，北京：人民出版社，2012 年版.

[12]《十一届三中全会以来党的历次代表大会中央全会重要文件选编》（上）[M]，中央文献出版社，1998 年版.

[13]《十一届三中全会以来党的历次代表大会中央全会重要文件选编》（下）[M]，中央文献出版社，1998 年版.

[14] 马丁·雅克.《当中国统治世界》［M］，北京：中信出版社，2010年版.

[15] 江泽民.《江泽民论有中国特色社会主义（专题摘编）》［M］，北京：中央文献出版社，2002年版.

[16]《习近平总书记系列重要讲话读本》［M］，北京：学习出版社、人民出版社，2014年版.

[17]《"四个全面"学习读本》［M］，北京：人民出版社，2015年版.

[18] 庄福龄.《马克思主义中国化研究》［M］，北京：人民出版社，2009年版.

[19] 邢国忠.《社会主义法治理念教育研究》［M］，北京：中国社会科学出版社，2011年版.

[20] 陈景良.《当代中国法律思想史》［M］，开封：河南大学出版社，1996年版.

[21] 基辛格.《论中国》［M］，北京：企鹅出版社，2014年版.

[22] 习近平.《在庆祝全国人民代表大会成立60周年大会上的讲话》［N］，人民日报，2014年9月6日.

[23] 陈晓文.《试论邓小平法治思想的特点》［J］，工会论坛，2007年第4期.

[24] 王英津.《论马克思主义经典作家的法制观》［J］，毛泽东、邓小平理论研究，2008年第4期.

[25] 邓建民.《中共三代中央领导集体法治观比较论》［J］，西南民族大学学报（人文科学版），2004年第9期.

[26] 谢萍.《试论邓小平理论中的法治思想》［J］，南京医科大学学报（社会科学版），2004年第2期.

[27] 周玉芝.《以人为本：中国特色社会主义民主和法制建设新理念》［J］，理论探讨，2011年第1期.

[28]《吴邦国在十一届全国人大四次会议上作的常委会工作报告》［N］，人民日报，2011年3月11日，第1版.

[29] 习近平.《在十八届中央政治局第四次集体学习时的讲话》［N］，人民

日报，2013年2月23日．

[30] 习近平．《在省部级主要领导干部学习贯彻十八届三中全会精神全面深化改革专题研讨班上的讲话》[N]，人民日报，2014年2月17日．

[31] 习近平．《2014年8月19日在中共中央召开的党外人士座谈会上的讲话》[N]，人民日报，2014年10月25日．

[32]《中国共产党第十八届中央委员会第四次全体会议文件汇编》[M]，人民出版社，2014年版．

[33] 习近平．《在党的群众路线教育实践活动宣传大会上的讲话》[N]，解放军报，2014年10月9日．

[34] 习近平．《在十八届中央政治局常委与中外记者见面时的讲话》[EB/OL]，中国文明网，2014年6月27日．

[35] 习近平．《切实增强宪法意识，推动全面贯彻实施宪法》[N]，人民日报，2014年12月4日．

[36] 习近平．《牢记历史经验历史教训历史警示为国家治理能力现代化提供有益借鉴》[N]，人民日报，2014年10月14日．

[37]《用法治为全面深化改革护航——四论深入学习贯彻十八届四中全会精神》，人民日报，2014年10月28日．

[38] 陈绍凡．《从"民族法制"到"民族法治"——中国民族法治建设理论研究》（博士论文）[J]，兰州：兰州大学，2007年．

[39] 2014年12月习近平在江苏首提"四个全面"[EB/OL]，新华网，2015年3月4日．

[40] 杨建平．《法治民主：后发国家的政治选择》[J]，战略与管理，2001年第6期．

[41] 吴新叶．《依法执政的法治基础与实现路径——以政党文化为视角》[J]，华东政法大学学报，2010年第1期．

[42] 习近平．《加快建设社会主义法治国家》[J]，求是，2015年第1期．

[43] 李嘉碧．《论法治是社会主义政治文明的内在要求》[J]，科教文汇，2014年．

[44] 袁曙宏．《论依法治国》[J]，新华文摘，2013年第3期．

[45] 邵和平.《浅谈中国法治思想的发展历史》[J]，科技信息，2007 年第 16 期.

[46] 王胜俊.《最高人民法院工作报告——2013 年 3 月 10 日在第十二届全国人民代表大会第一次会议上》[J]，全国人民代表大会常务委员会公报，2013 (2)：309 - 315.

[47] 曹建明.《最高人民检察院工作报告——2013 年 3 月 10 日在第十二届全国人民代表大会第一次会议上》[J]，全国人民代表大会常务委员会公报，2013 (2)：323 - 329.

[48] 人民日报评论部.《让法治成为一种全民信仰——开创依法治国新局面之三》[N]，人民日报，2013 年 3 月 1 日.

[49] 习近平在中央政法工作会议上的讲话[DB/OL]，http://www.chinapeace.org.cn/2014 - O1/OS/content_ 10062158.htm，2014 年 1 月 8 日.

[50] 董节英.《对新中国成立初期法治建设研究述评》[J]，中共党史研究，2006 年第 2 期.

[51] 人民日报评论员.《引领民族复兴的战略布局——一论协调推进"四个全面"》[N]，人民日报，2015 年 2 月 25 日.

[52] 蒋传光.《马克思主义法律思想中国化的哲学路径探析》[J]，毛泽东邓小平理论研究，2009 年第 6 期.